FALKEN BÜCHEREI

BUDO-BIBLIOTHEK

Albrecht Pflüger, 6. DAN Karate

Kontakt-Karate

Ausrüstung · Technik · Training

mit über 230 Abbildungen

FALKEN VERLAG

Von Albrecht Pflüger sind weitere erfolgreiche Titel im Falken-Verlag erschienen:
»Karate für alle« (Nr. 0314)
»Karate für Frauen und Mädchen« (Nr. 0425)
»Karate 1« (Nr. 0227)
»Karate 2« (Nr. 0239)
»Karate Do« (Nr. 4028)
»Nunchaku« (Nr. 0373«)

CIP-Kurztitelaufnahme der Deutschen Bibliothek

Pflüger, Albrecht:
Kontakt-Karate:
Ausrüstung, Technik, Training / Albrecht Pflüger. – [Nachaufl.]. –
Niedernhausen/Ts.: Falken-Verlag, 1982.
(Falken-Bücherei)
ISBN 3-8068-0396-X

ISBN 3 8068 0396 X

Fotos: Albrecht Pflüger
Die Ratschläge in diesem Buch sind von Autor und Verlag sorgfältig erwogen und geprüft, dennoch kann eine Garantie nicht übernommen werden. Eine Haftung des Autors bzw. des Verlages und seiner Beauftragten für Personen-, Sach- und Vermögensschäden ist ausgeschlossen.
Gesamtherstellung: Neuwieder Verlagsgesellschaft mbH, Neuwied

817 26

Inhalt

Vorwort

Dieses Buch über Kontakt-Karate stellt kein neues Karate vor, also etwa zu den vielen vorhandenen noch eine neue Stilrichtung. Es setzt voraus, daß man schon Karate irgendeiner Stilrichtung betreibt und will so verstanden sein, daß es nur eine Erweiterung, eine Ergänzung aller bestehenden Stilrichtungen darstellt. Das heißt also nicht, daß in Zukunft Karate nur noch von Anfang an etwa wie im Thai-Boxen mit Kontakt betrieben werden soll, daß das etwa die allein erstrebenswerte »moderne« Art des Karate sei – viele verstehen es nämlich so.
Es ist aber ein weiteres Angebot, das das breite Spektrum des Karate nun auch jenen bietet, die diese Art Karate betreiben möchten. Man muß es aber eingebettet in das bisherige Verständnis des Karate sehen. Das mag manchen als nicht vereinbar erscheinen; ich gehe im Buch darauf noch einmal ausführlicher ein. Wichtig erscheint mir, schon hier klarzustellen, daß ich durchaus kein »Nur-Kontakt-Fan« bin!
Sicher aber ist, und das ist eine überaus positive Sache, daß durch das Karate mit Schutzausrüstung und mehr Kontakt beim Kämpfen auch eine gewisse Einigungstendenz der verschiedensten Karate-Stilrichtungen, wenigstens zunächst im Wettkampf, sichtbar ist, d. h. daß bei sogenannten offenen Turnieren Kämpfer aller Stilrichtungen zusammentreffen. *Dieser »Kontakt« im Karate* ist doch sicher wünschenswert, wenn man das Fernziel im Auge hat, daß sich eines Tages alle Kampfarten, »die mit Händen und Füßen schlagen«, zusammenfinden sollen, indem sie miteinander kämpfen, voneinander lernen und sich so annähern.
Damit dieses Buch für die Anhänger aller Stilrichtungen brauchbar ist, verwende ich keine japanischen Fachausdrücke oder nur Techniken des japanischen Karate, sondern solche aus allen Stilrichtungen, die ich mit deutschen Ausdrücken zu benennen versuche.
Schon heute ist es so, daß aufgeschlossene Trainer aller Stilrichtungen ganz bewußt auch die Techniken und Trainingsmethoden anderer Stilrichtungen

sich anschauen und viele Impulse, wenn auch vielleicht etwas abgewandelt, übernehmen, die ihnen geeignet erscheinen. Wenn das einmal die Vertreter aller Stilrichtungen tun, nähern sich auch technisch die verschiedenen Stilrichtungen immer mehr an, so daß in einiger Zeit tatsächlich alles, »was mit Händen und Füßen draufschlägt«, sich unter einem Dach sammeln kann.

Jeder Karateka, ob Traditionalist oder revolutionärer Vollkontakt-Befürworter muß im Training mit Kontakt arbeiten, sonst werden nur Illusionen gezüchtet. Wie weit er bei diesem Kontakt gehen will, muß jeder für sich selbst entscheiden.

Die Entstehung des Kontakt-Kampfes

Geschichtlich gesehen waren natürlich alle diese Kampfarten für den Kontakt im Ernstfall gedacht (Abb. 1).

Abb. 1

Auch bei den Olympischen Spielen der Griechen gab es so etwas wie »Vollkontakt«; dies sollen die folgenden Beispiele verdeutlichen.

Die Griechen

Am 4. Tag der Olympischen Spiele ging es im Stadion noch einmal hart her. Ringkampf, Faustkampf, Allkampf und Waffenlauf standen auf dem Programm.
Die Faustkämpfer benötigten nur ein paar lederne Riemen, mit denen sie die Hände umwickelten, wobei sie die Finger aber frei ließen. Erst verwendete man weiche Lederriemen, die eher dazu dienten, die Hände beim Schlag zu schützen. Später benützte man scharfkantige, harte Bandagen, die eine ähnliche Wirkung wie Schlagringe hatten.
Die Faustkämpfe erinnerten noch am ehesten an jene Zweikämpfe bei Leichenfeiern, bei denen es um Leben oder Tod ging. Viele Kritiker der Olympischen Spiele konnten nicht verstehen, daß die sonst so schöngeistigen Griechen an diesem rohen Schauspiel Gefallen fanden. In vielen Epigrammen werden die Entstellungen verspottet, die Boxer bei ihren Kämpfen davontrugen.

So heißt es z. B. von einem Androleos: »Hat nun Pisa (Olympia) ein Ohr des Androleos, so hat Plataiai eines der Augen; für tot trug man zu Pytho mich weg!«
Es gab keinen Kampfring, keine Einteilung nach Gewichtsklassen und nach Runden. Doch durften die Kämpfer Pausen einlegen. Sie zeigten den Wunsch danach an, indem sie sich auf ein Knie niederließen. Es gab keinen unentschiedenen Ausgang. Wenn ein Gegner nicht mit erhobenem Finger das Signal zur Aufgabe gab und sich nach geraumer Zeit keine deutliche Überlegenheit eines der beiden Kämpfer abzeichnete, ordneten die Kampfrichter den Übergang zur Klimax an. Von da an hatte jeder abwechselnd einen Hieb frei, den der andere ohne Abwehrbewegung hinnehmen mußte. Schwere Verletzungen blieben dabei nicht aus. Absichtlicher Totschlag war zwar verboten, fand aber nur milde Bestrafung. Wie viele Tote es in Olympia beim Faustkampf gegeben hat, ist nicht überliefert. In zwei Fällen, die geschildert werden, erklärte man den Toten zum Olympiasieger, und das war auch bei den anderen Sportspielen der Griechen die Regel. Denn der Tote hatte sich rühmlich dadurch ausgezeichnet, daß er den Kampf nicht freiwillig aufgab, sondern lieber sein Leben opferte.
Der Allkampf als eine Verbindung von Ringkampf und Boxkampf übertraf noch beide Disziplinen in der Kampfeshärte. Im Gegensatz zum Ringkampf wurde die Auseinandersetzung sogar am Boden fortgesetzt, da es auch hier nicht um ein einfaches Niederwerfen des Gegners, sondern um dessen Kampfunfähigkeit ging. Auch war es beim Allkampf im Gegensatz zum Ringkampf erlaubt, die Finger und Zehen des Gegners zu brechen, die Finger in seine Augen zu bohren und seine Glieder zu verrenken. Um in diesen Praktiken nicht behindert zu sein, schlugen die Allkämpfer mit bloßen Fäusten zu. Wie

das Beispiel des Arrhichion aus Phigalia zeigt, konnte auch im Pankration der Tote zum Olympiasieger erklärt werden. Arrhichion brach gerade seinem Gegner die Zehen, als dieser ihn erwürgte. Die zeitgenössischen Kommentatoren hielten das für die Krönung der athletischen Laufbahn des Arrhichion, der zuvor schon zweimal Olympiasieger gewesen war, aber dabei »nur« überlebt hatte. Da wundert es uns nicht, daß Philostratos den Allkampf für »das Schönste von Olympia« erklärte.
Solche Erscheinungen, die keineswegs aus der Verfallszeit, sondern aus der Blütezeit der Olympischen Spiele stammen, vertragen sich nur wenig mit dem Idealbild, das uns immer wieder von den Olympischen Spielen der Antike vorgestellt wird. Beide aber, Idealbild und Wirklichkeit, zeigen, daß sich überhaupt keine Vergleiche ziehen lassen zwischen dem, was die Olympischen Spiele wirklich waren und bedeuteten und dem, was wir uns heute darunter vorstellen. Es gibt äußerliche Ähnlichkeiten, die letztlich im ewig Menschlichen begründet liegen. Aber die Geisteshaltung der Griechen ist für uns im Grunde nicht nachvollziehbar, wenn wir auch Erklärungen dafür finden können (Abb. 2, 3).

Abb. 2

Abb. 3

Die Römer

Die Römer begeisterten sich nur für das Boxen. Dazu mußten aber die Boxer, um den Reiz ihrer Kämpfe zu erhöhen, Handschuhe mit Eisenbändern und Lederwülsten anlegen, die mit spitzen Stacheln aus Eisen und Haifischzähnen besetzt waren. Mit diesen furchtbaren Waffen – sie erinnern an die Eisenhanteln der Etrusker – konnte man einander furchtbare, ja sogar tödliche Verletzungen zufügen. Immerhin zeugt die lange, erfolgreiche Laufbahn des Herminos davon, daß man bei diesem Beruf auch in Ehren grau werden konnte.

Das lag aber wohl daran, daß die Vereinsmitglieder bei ihren Kämpfen im beiderseitigen Interesse eine gewisse Technik des Überlebens entwickelt hatten. Denn sie waren freiwillige Angehörige ihres athletischen Berufsstandes, während sich die Gladiatoren aus Sklaven, Kriegsgefangenen und Verbrechern rekrutierten, deren Überlebenschance in den Zweikämpfen von der Laune des Publikums abhing (Abb. 4–9).

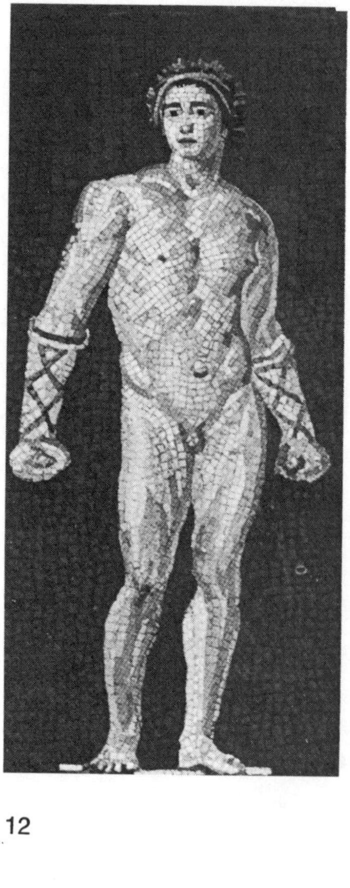

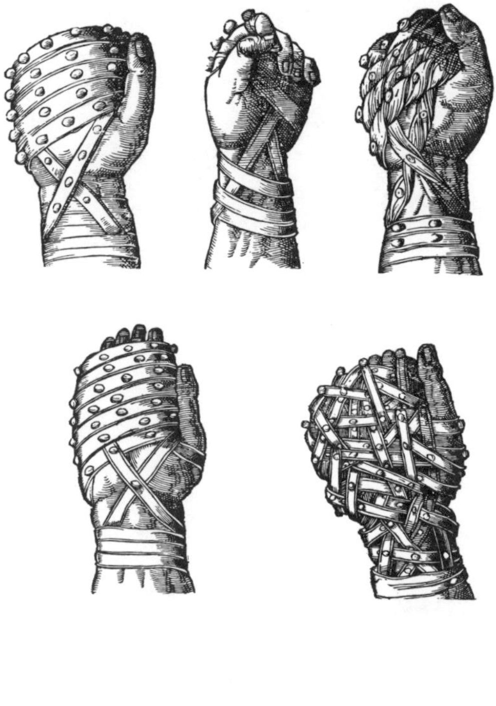

Kontakt-Karate heute als Sport

In der heutigen Zeit haben wir Vollkontakt-Karate immer im realen Fall der Selbstverteidigung.
Wenn wir uns die moderne Definition des Begriffs »Karate« zu eigen machen und darunter alle Kampfarten verstehen, bei denen mit Händen und Füßen zugeschlagen wird, so stellt das Thai-Boxen eine Form des sportlichen Kontakt-Kampfes dar (Abb. 10).
Auch das Thai-Boxen verdankt seine Herkunft chinesischem Einfluß. Anders aber als bei allen chinesischen, japanischen und koreanischen Formen, gibt es im Thai-Boxen keine traditionellen Vorführungsformen (Katas) oder das, was man in den verschiedenen Karate-Systemen unter ›Grundschule‹ versteht. Alles ist nur auf die Anwendung bezogen. Im Thai-Boxen wird durchgeschlagen mit dem Ziel des K. O. Die Schutzausrüstung besteht nur aus Boxhandschuhen und Tiefschutz, außerdem einer kaum schlagmindernden Fußgelenk- bzw. Fußrückenbandage. Vom gesundheitlichen Standpunkt her sicher zu

Abb. 10

wenig, vor allem, da im Thai-Boxen bevorzugt Knie und Ellbogen im Nahkampf auch gegen die besonders gefährdeten Rückenpartien, Nieren etc., eingesetzt werden. Da die Thai-Boxer das »Durchschlagen« gewöhnt sind, beherrschen sie es natürlich ungleich besser als traditionelle Kung-Fu-Karate- oder Taekwon-Do-Kämpfer. So erscheint es auch glaubhaft, wenn man immer wieder hört, daß Karate- und Kung-Fu-Kämpfer bei solch harten Vergleichskämpfen fast immer von Thai-Boxern besiegt werden, wogegen »normale« westliche Boxer gegen Thai-Boxer besser aussehen. Auch das ist im Grunde verständlich, da auch der Boxer das »Durchschlagen« gewöhnt ist und etwas »einstecken« kann.

Im Zuge der Bestrebungen, das Karate realistischer zu gestalten, sicher aber auch, um es publikumswirksamer zu machen, denn die große Masse hat auch heute noch wie zur Zeit der Gladiatorenkämpfe den barbarischen Instinkt für Brutalität, gibt es nun auch im traditionellen Karate Kampfformen, bei denen mit mehr Kontakt gekämpft wird.

Als das zur Zeit »härteste Karate« läßt sich hier der Kyo-kushinkai, das Karatesystem des bekannten japanischen Karatemeisters Masutatsu Oyama (des Stieretöters) feiern (Abb. 11). Da fanden letztes Jahr zum ersten Mal Weltmeisterschaften in Tokio statt, nach folgenden Regeln:

Durchschlagen bis zum K. O. erlaubt. Außer Tiefschutz keine Schutzausrüstung. Zuschlagen und Treten also mit bloßen Händen und Füßen! Inter-

Abb. 11

essanterweise war das Durchschlagen zum Kopf mit der Faust verboten, mit dem Fuß dagegen nicht. Es wird argumentiert, daß ein Treffer mit der Faust am Kopf von einem guten Kämpfer immer angebracht werden kann: ein solcher Treffer würde dann mit Sicherheit zu Verletzungen im Bereich von Mund und Nase führen, während ein Fauststoß am Körper »verdaut« werden kann, bzw. ein K. O. durch Körpertreffer nicht so gesundheitsschädlich sei, wie der durch Kopftreffer erzielte.

Mit dem Fuß darf zum Kopf durchgeschlagen werden, und zwar mit der Begründung, daß die Zeit, die der Fuß zum Kopf brauche, länger sei als die, die ein aus kurzer Distanz abgeschossener Fauststoß benötigt. Deshalb sei auch ein Fußtritt zum Kopf von einem guten Kämpfer leichter abzuwehren.

Trotzdem gab es bei diesem Kontakt-Turnier eine Menge schwerer Verletzungen, verursacht auch dadurch, daß zwischen den Kämpfen schwere Bruchtests gezeigt werden mußten, wobei manchmal nicht das Material, sondern die Hand zu Bruch ging!

Schon früher gab es in Japan eine Karaterichtung (Kempo), bei der mit Vollkontakt gekämpft wurde in einer Schutzausrüstung, die der von Kendo-Kämpfern (Schwertkämpfern) gleicht (Abb. 12). Kempo ist die japanische Aussprache für das chinesische Chuan-fa – (Kung-Fu). Die japanische Aussprache für Shaolin-Kung-Fu ist z. B. »Shorinji-Kempo«.

Abb. 12

Wie wir sehen, wurden also schon seit längerer Zeit in vielen Karaterichtungen Versuche unternommen, mit mehr Kontakt zu kämpfen.
Schon vor Einführung der berühmten Safe-T-Ausrüstung des Jhoon Rhee in Amerika, machte z. B. der schon fast legendäre Bruce Lee Versuche, um mit geeigneten Mitteln Karate mit mehr Kontakt zu praktizieren (Abb. 13).
Seit etwa 3 Jahren gibt es nun die Jhoon-Ree-Safe-T-Ausrüstung (Abb. 14). Es handelt sich dabei um Handschuhe und eine Art Pantoffel aus Schaumstoffmaterial, das mit einer zähen Kunststoffhaut überzogen ist. Ursprünglich zum Schutz beim Kampftraining und beim Wettkampf entwickelt, entstand im geschäftstüchtigen Amerika, wo alles, was sich dem Publikum als Show verkaufen läßt, rücksichtslos vermarktet wird, eine Profi-Karate-Liga, die mit vollem Kontakt kämpfend, dem barbarischen Instinkt der Massen Kämpfe bis zum vollen K. O. versprach und auch bot. Natürlich ließen sich damit Zuschauerzahlen erreichen, von denen das traditionelle Karate nur träumen konnte.
Es erhob sich angesichts dieser vom kommerziellen so stark geprägten Szene die Frage, ob dies alles überhaupt noch Karate sei.

Abb. 13

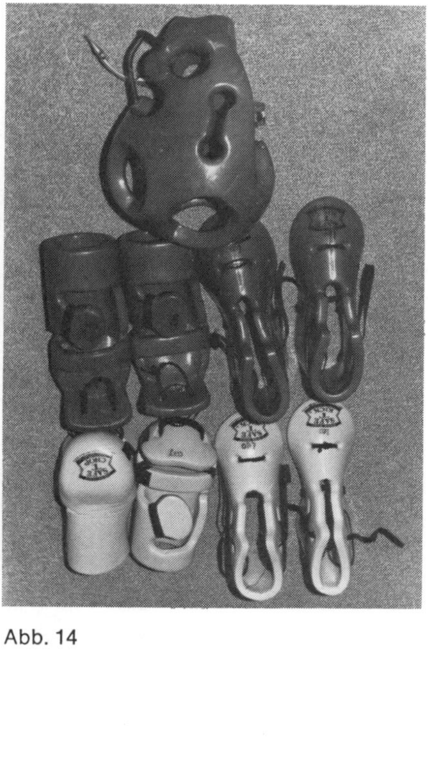

Abb. 14

Ist Kontakt-Karate überhaupt noch Karate-Do?

Wie ist Kontakt-Karate in Karate einzuordnen? Zunächst möchte ich eine Definition aufstellen, die in den Ohren vieler Anhänger bestimmter Stilrichtungen sicher ketzerisch klingt:
Für mich betreiben alle, die mit Händen und Füßen dreinschlagen, den gleichen Sport!

Für alle diese Kampfarten ist der Name »Karate« auf der ganzen Welt am bekanntesten geworden. Es liegt deshalb nahe, den Begriff »Karate« als Oberbegriff für alle diese verwandten Kampfarten zu nehmen. Hier noch ein kurzer Beweis dafür, daß diese Kampfarten alle unter einen Hut zu bringen sind: Ich kann keinen Tennisspieler mit einem Handballspieler spielen lassen. Ich kann aber sehr wohl einen Kung-Fu-Kämpfer mit einem Taekwon-Do-Kämpfer kämpfen lassen! Stellen wir uns nun noch vor, daß wir alle (ob Kung-Fu-Kämpfer, Karateka der verschiedensten Stilrichtungen, Taekwon-Do-Kämpfer oder Thai-Boxer) in eine kurze Sporthose stecken, so daß man sie an ihrer Kleidung nicht mehr unterscheiden kann. Einigen wir uns jetzt noch auf Kampfregeln, die alle akzeptieren (daß das durchaus möglich ist, haben offene Turniere in Amerika und auch in Europa längst bewiesen), dann können alle miteinander kämpfen!
Und nun etwas für die treuen, eingeschworenen, oft fanatischen Anhänger einer bestimmten Stilrichtung (von der sie oft glauben, daß nur *sie* die allen anderen überlegene Kampfweise sei): Es hat sich bei solchen Kämpfen immer gezeigt, daß nicht eine Stilrichtung den anderen überlegen ist, sondern daß die Wettkämpfer ihre Kämpfe aufgrund ihrer individuellen Qualitäten als Wettkämpfer gewannen und nicht als Vertreter irgendeiner bestimmten Stilrichtung. Einmal gewinnt ein Karateka, einmal ein Taekwon-Do- oder Kung-Fu-Kämpfer.

Nicht ein System gewinnt einen Kampf, sondern der Wettkämpfer!

Manch einer glaubt, wenn er diese oder jene Stilrichtung wählt, die besondere Schnelligkeit verspricht, würde er automatisch schnell. Kein Karatestil kann aus einer Schlafmütze eine blitzschnell und kraftvoll reagierende Kampfmaschine machen! Es ist immer der Mann, der sich im Kampf bewähren muß und nicht ein System.
Wenn wir endlich von dieser ideologisierten, dogmatischen Betrachtungsweise der angeblichen Überlegenheit des einen Karatestils über den anderen wegkommen, erkennen wir vielleicht, daß jeder Stil gute Elemente hat, daß man aus jedem System Dinge und Impulse übernehmen kann, die uns vielseitiger machen. So kommen wir zu einem »stillosen Stil«, wie ihn etwa schon Bruce Lee mit seinem Jeet Kune Do anstrebte.
Manche Traditionalisten sind auch der festen Überzeugung, daß ein Stil umso besser sei, je traditioneller, je authentischer er sei. Sie fragen einen, welchen Stil man mache, und wenn man sich nicht als Anhänger irgendeiner traditionellen Stilart bekennt, sondern womöglich zugibt, daß man Impulse aus allen Stilrichtungen aufnimmt, wird man nicht anerkannt, da man ja keinen authentischen Stil mache. Hier möchte ich einen ausgezeichneten Gedankengang von Bruce Tegner zitieren: Es war einmal authentisch, Operationen ohne Narkose durchzuführen. Niemand würde aber heute ernsthaft behaupten, Operationen ohne Narkose seien besser, nur weil sie authentischer seien!
Wenn wir Karate als die optimale Form des Kämpfens mit Armen und Beinen definieren, können, ja müssen wir Anregungen, Impulse, Techniken, Bewegungsabläufe aller Stilrichtungen (einschließlich des westlichen Boxens) aufnehmen und undogmatisch verarbeiten. Nur mit einer solchen Betrachtungsweise ist es auch möglich, daß es einmal einen echten Weltverband für alle diese Kampfarten gibt, bzw. daß sie einmal Eingang bei den Olympischen Spielen finden.
Zur Zeit allerdings sieht es auf diesem Gebiet noch buntgescheckt aus: Jede Stilrichtung gründet ihren eigenen Verband, manche Kung-Fu-Richtungen betonen stolz, daß sie sich stark vom z. B. Karate unterscheiden. Das mag ruhig sein, *die Wege* (Methoden) können doch ruhig unterschiedlich sein; *das Ziel* aller dieser Kampfsportarten ist aber dasselbe: Im Kampf den Gegner mit Händen und Füßen treffen, möglichst ohne selbst getroffen zu werden.
Wenn wir einmal den Begriff »Karate« als Oberbegriff für alle diese Kampfarten akzeptieren, dann zeigt sich das ganze buntschillernde Spektrum in aller Deutlichkeit; nichts ist auf diesem Gebiet zur Zeit unmöglich. Das Pendel schwingt von dem einen Extrem – Karate ganz traditionell (evtl. sogar ohne Wettkampf) mit besonderer Betonung des geistig-philosophischen Hintergrunds – bis zum anderen Extrem – Vollkontakt-Karate ohne Berücksich-

tigung der Tradition bzw. des geistigen Hintergrunds. Ganz klar, daß die Vertreter des einen Extrems die Vertreter des anderen meist ablehnen, ja sogar lächerlich machen.

Wir wollen hier versuchen, eine objektive Einordnung aller dieser Erscheinungsformen des Karate in ein »Karate-Spektrum« zu erreichen, indem wir sozusagen einen übergeordneten Standpunkt einnehmen und aus der Distanz vorurteilsfrei versuchen, den ganzen Komplex, als der sich Karate darstellt, zu ordnen.

Da sind auf der einen Seite die ganz traditionellen Stilrichtungen, auch solche, die keinen Kampf oder nicht einmal Partnerübungen kennen. Beispielhaft für diese Formen möchte ich hier das Tai-Chi-Chuan nennen, eine Form des chinesischen Schattenboxens (Abb. 15), bei der alle Bewegungen (die stilisierte Kampfbewegungen darstellen) fließend ineinander übergehen und in engstem Zusammenhang mit der Atmung geübt werden. Oft als ein jedem anderen Sport überlegenes System zur Gesunderhaltung gepriesen (was medizinisch gesehen sehr stark übertrieben ist, von den Anhängern aber oft gern geglaubt wird), müssen wir ihm seine Berechtigung als Fitnesstraining und zur Entspannung durchaus zugestehen. Es ist so ähnlich, wie

Abb. 15

wenn jemand in Karate irgendeiner japanischen Stilrichtung sich nur die Katas herauspickt und mit großem Gewinn für Fitness, Körperbeweglichkeit, Gefühl für Rhythmus, Freude an der Bewegung etc. übt, ohne Absicht, an einem Wettkampf teilzunehmen oder Kampfübungen mit einem Partner zu machen.
Absolut lächerlich wird es aber dann, wenn solche Meister ihre Schüler davor warnen, diese »Soloübungen« je in einem Ernstfall anzuwenden, da sie dann ganz furchtbare, tödliche Wirkungen hätten. Niemand will ja bestreiten, daß auch diesen Formen Kampfbewegungen zugrunde liegen: *Es darf doch aber niemand ernsthaft glauben, daß – ohne je mit einem Partner geübt und vor allem gekämpft zu haben – dann so entscheidende Qualitäten wie Reaktion, Distanzbeherrschung, Kampftaktik usw. plötzlich da wären.* Überhaupt haben diese stark traditionellen Formen sehr viel mit Glauben (und nicht mit Wissen) zu tun. Hierher gehören auch die immer wieder gern weitererzählten Legenden, z. B. die von dem schmächtigen, alten Meister, der von jungen, kräftigen Burschen angegriffen wurde und nur eine Bewegung mit zwei Fingern machte, worauf der größte Angreifer bewußtlos oder tot zu Boden sank. Oder die von dem »verzögerten Tod«: Der große Meister versetzte seinem Opfer nur einen leichten Schlag an eine bestimmte Körperstelle und sieben Tage später starb der Getroffene plötzlich auf unerklärliche Weise. Nicht nur, daß diese Legenden medizinisch unhaltbar sind, merkwürdigerweise findet man auch keinen lebenden Kung-Fu-Meister, der solche Dinge vollbringen könnte. Wie gesagt werden solche Märchen aber besonders von den Anhängern der traditionellen Stile gern geglaubt. Hierher gehören auch übertriebene Geschichten von der Wirkung des KI (geistig-seelische Kraft, deren Anwendung in allen fernöstlichen Kampfarten – besonders auch im Aikido – bewußt geübt wird).
Das andere Extrem stellen die Gruppen dar, die, ohne den geistigen Hintergrund ernst zu nehmen, nur Kontakt-Karate machen, ohne Grundschule und Katas. Das gibt ganz sicher bessere Kämpfer (weil sie ja nichts anderes machen), siehe die Thai-Boxer! Ich würde das aber nicht mehr als Karate bezeichnen, sondern als Kick-Boxen. Es ist übrigens in diesem Zusammenhang interessant, daß es in Japan Kick-Boxen gibt, für das sich die Massen begeistern wie fürs Catchen, und das genau wie dieses gerne im Fernsehen übertragen wird. Niemand würde es aber einfallen, das etwa als Karate zu bezeichnen (Abb. 16).
Zum richtigen Verständnis des Karate gehört einfach das ganze Spektrum! Karate ist nicht vollständiges Karate ohne Wettkampf oder zumindest freie Kampfübungen mit Partnern. *Es ist ganz sicher aber auch kein Karate mehr, wenn man nur Wettkämpfe mit Vollkontakt macht!*

Abb. 16

Wie ist dann Kontakt-Karate in das Karate einzuordnen?
Geht das überhaupt?

Ja, es geht ganz sicher: Karate ist ein sehr vielseitiger Sport, der unter den verschiedensten Aspekten betrieben werden kann. Ältere Menschen, Frauen und auch Kinder können vielleicht vorwiegend Katas, Selbstverteidigung usw. betreiben. Leistungsfähige und leistungswillige junge Leute können und wollen oft hauptsächlich Karate als Wettkampfsport betreiben. Wenn wir uns Kontakt-Karate als eine zusätzliche Erweiterung der Möglichkeiten, die uns das Karate bietet, betrachten, dann läßt es sich sehr wohl in das bestehende Karate einordnen, ohne daß wir alles andere über Bord werfen müßten (wie viele Anhänger des Kontakt-Karate glauben). Weder das ist notwendig, noch eine radikale Ablehnung des Kontakt-Karate und der damit zwingend notwendig gewordenen Schutzausrüstung.

Also noch einmal: Kontakt-Karate allein ist sicher kein Karate. Als zusätzliche Erweiterung aber für diejenigen, die den auch konditionell härter fordernden Wettkampf wollen, läßt es sich dem Karate einordnen. Ich glaube, daß so verstanden auch die Vertreter des traditionellen Karate diesen neu hinzugekommenen Aspekt des Karate zumindest tolerieren können; als Erweiterung des breiten Spektrums, das Karate allen Menschen jeden Alters, jeden Geschlechts und jeden Temperaments bietet.

Unter welchen Voraussetzungen kann man Kontakt-Karate überhaupt durchführen?

Da wir nicht mehr im alten Rom leben, wo Blut und Grausamkeit bei den Gladiatorenkämpfen die Massen in einen barbarischen Rausch versetzten, sind Kämpfe mit bloßen Fäusten auf Leben und Tod natürlich untragbar. Ich habe allerdings den starken Verdacht, daß solche Kämpfe auch heute noch die grausamen Instinkte der Massen zu wahnsinniger Begeisterung entfachen würden.
Ganz deutlich möchte ich mich deshalb gegen diejenigen Bestrebungen wenden, die Kontakt-Karate nur aus dem Grunde einführen möchten, um die Begeisterungsfähigkeit der Massen für brutale Darbietungen für die eigenen kommerziellen Interessen auszunützen. (Darauf muß z. B. natürlich die Existenz einer Profi-Liga bauen.) Ich möchte es mehr vom Ausübenden her verstanden wissen: Kämpfen mit mehr Kontakt für denjenigen, der diese harte Form erfahren will.

Die Grundlage des klassischen Karatekampfes ist die Idee, auf Treffer*wirkung* beim Gegner zu verzichten. Erst diese Konzeption hat den Siegeszug des Karate als Breitensport ermöglicht. Modern und bewundernswert ist nicht das „realistische Voll-Kontakt-Karate", sondern das Karate, bei dem Treffer*wirkung* als Regelverstoß gilt! So möchte ich auch das „Kontakt-Karate" eingeordnet verstanden wissen in diese Idee, dem Gegner nicht körperlich zu schaden. Vollkontakt ist nur im realen Ernstfall zu verantworten, nicht als Sport!

Schutzausrüstungen

Körperverletzungen oder K.O. sollten durch geeignete Schutzausrüstungen fast unmöglich gemacht werden. In einer Zeit, in der die gesundheitsschädliche Wirkung des Boxens deutlich bewiesen ist (Abb. 17), sollten die Karateka nicht auch anfangen, sich so kräftig wie möglich an die ungeschützten Köpfe zu schlagen.

Abb. 17

Wie sehen nun solche Schutzausrüstungen aus?

1. Sie dienen dem Polstern der schlagenden Gliedmaßen (Hände, Füße; Abb. 18–24).

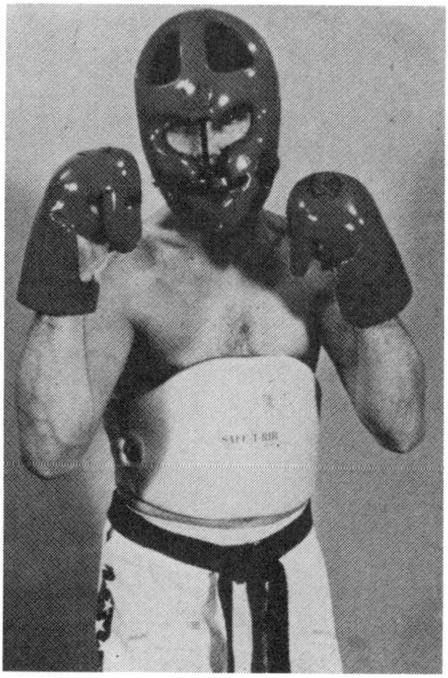

Abb. 18

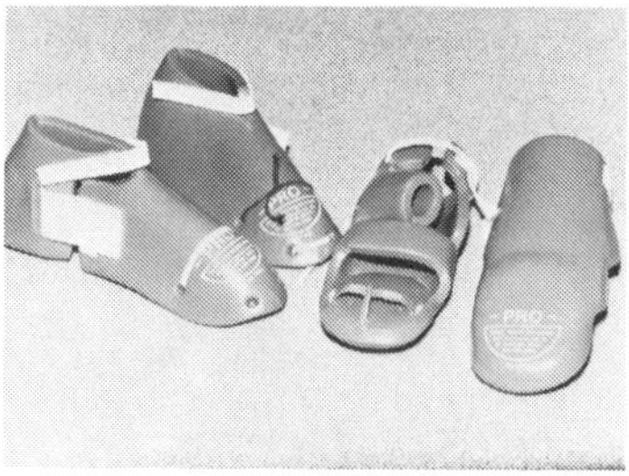

Abb. 19

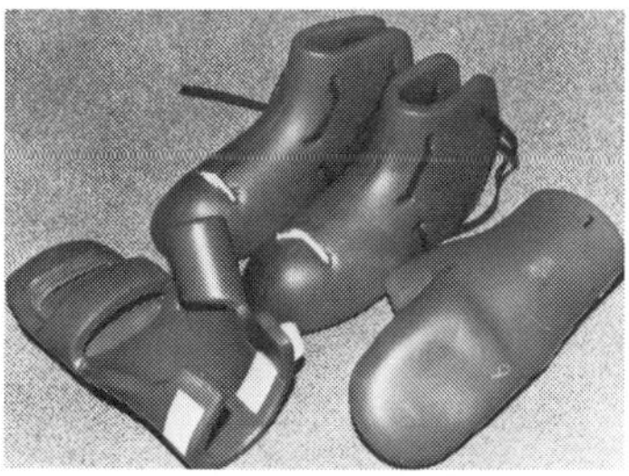

Abb. 20

Abb. 21

Abb. 22

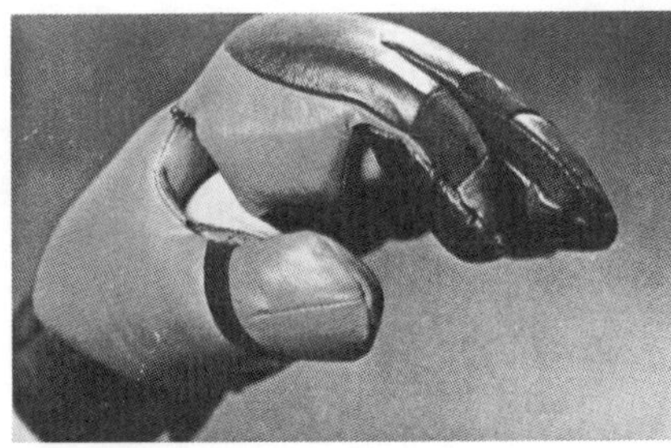

Abb. 23

Abb. 24

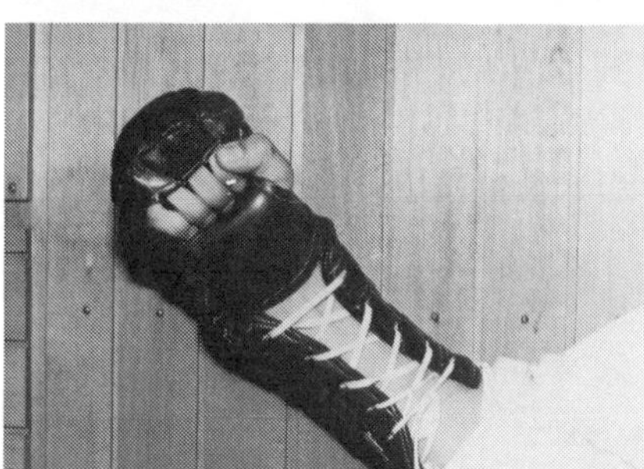

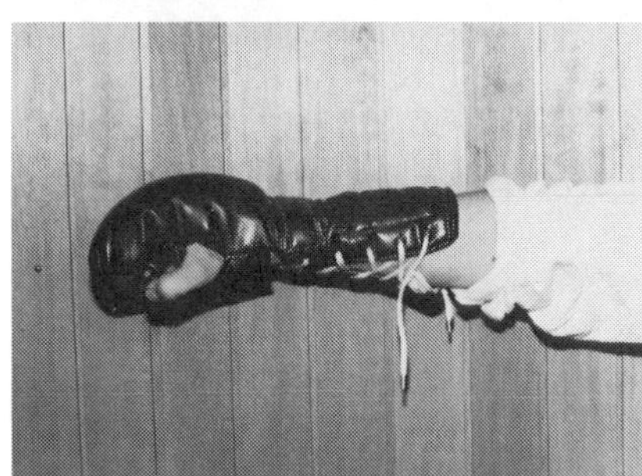

2. Sie sollen den Körper schützen (Abb. 25–27).

Im folgenden möchte ich nun amerikanische Karate-Wettkampfregeln vorstellen, die für den sogenannten Halbkontakt entwickelt wurden.

Abb. 27

Abb. 26

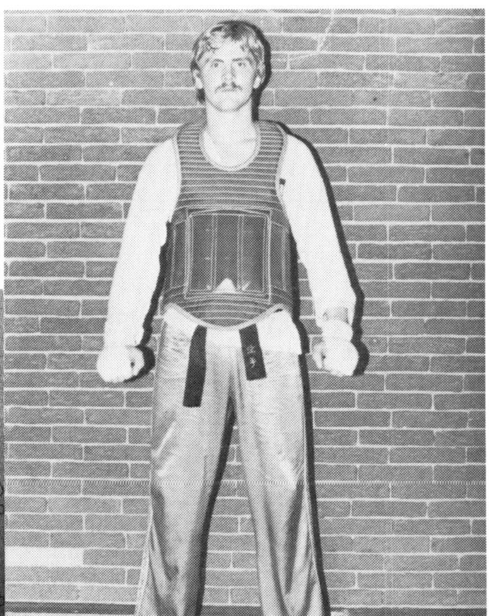

Abb. 25

Karate-Wettkampfregeln

Diese Kampfregeln wurden vorerst mit nur geringen Abweichungen auch von der „Deutschen Karate-Union“ (DKU) übernommen, sind aber stark verbesserungsbedürftig (Siehe auch anschließende Kritik!)

I. Kampfdauer, Punktsystem:

Die Dauer der Kämpfe beträgt mindestens 3 Minuten. Es besteht jedoch die Möglichkeit, im Rundensystem die Kämpfe auf zweimal 3 oder dreimal 3 Minuten auszudehnen. Zwischen den einzelnen Runden sollte eine Pause von einer Minute sein.
Zum Sieger wird derjenige erklärt, der die meisten Punkte erzielt hat. Eine Beschränkung auf eine Maximal-Punktzahl ist nicht statthaft. Beim Rundensystem sind die Punkte aller Runden aufzuaddieren.
Steht bei Zeitablauf die Begegnung unentschieden, wird der Kampf verlängert bis einer der beiden Kämpfer einen Punktgewinn zu verzeichnen hat. Der Wettkampf endet dann mit dem Punktgewinn, d. h. die weitere Fortführung des Kampfes ist nicht zulässig (sudden death overtime).

II. Bewertung:

Ein Punktgewinn ist auszusprechen, wenn die Mehrheit der Kampfrichter, die die Technik beobachten konnten, der Auffassung sind, daß der Punkt erzielt wurde. Jeder Kampfrichter hat 3 Möglichkeiten:
(1) Ich habe die Technik gesehen. Ich spreche mich für einen Punkt aus.
(2) Ich habe die Technik gesehen. Ich spreche mich gegen einen Punkt aus.
(3) Ich konnte die Technik nicht genau sehen. Stimmenthaltung.
Für den Fall, daß sich eine gleiche Anzahl von Kampfrichtern für und gegen einen Punktgewinn aussprechen, darf ein Punkt nicht zugesprochen werden.

– Die Zeit läuft solange, bis der Kampfrichter dem Zeitnehmer Anweisung gibt, die Zeit zu stoppen.
– Die Kampfaktion geht so lange weiter, bis der Kampfrichter das Kommando Stop ausspricht.

– Ein Wettkämpfer muß beide Füße innerhalb der Kampffläche haben, wenn ihm ein Punkt zugesprochen werden soll, gleichgültig, wo der Gegner sich befindet. Im Falle eines Fußangriffes muß das Standbein sich in der Kampffläche befinden, damit ein Punkt zugesprochen werden kann. Der Hauptkampfrichter hat 2 Stimmen, die Seitenrichter haben jeweils eine Stimme.

III. Techniken, Ziele, Kraft, Kontrolle:

Angriffsflächen sind:
(1) Schläfe und Gesicht
(2) Hals einschließlich des Nackens
(3) Schlüsselbeine
(4) Solar Plexus
(5) Unterleib
(6) Rippen
(7) Nieren
(8) Hoden

Techniken:
(1) Vorwärtstritt
(2) Seitwärtstritt
(3) Rückwärts Kick
(4) Halbkreis Kick
(5) Sprung Kick
(6) Dreh Kick (Fersenbeinschlag)
(7) Gyaku-Tsuki (Fauststoß mit dem hinteren Arm)
(8) Maete-Tsuki (Fauststoß mit dem vorderen Arm)
(9) Rückhandschlag
(10) Handkante
(11) Innenhandkante

Kraft und Kontrolle:
Die Techniken müssen ausreichend Kraft haben, um den Gegner kampfunfähig zu machen, wenn die Technik voll durchgezogen worden wäre. Festhalten am Körper oder Karategi ist erlaubt, wenn unmittelbar darauf eine Technik erfolgt.

IV. Punktbewertung

(1) Ein Punkt wird zugesprochen für:
  (a) einen Schlag oder Tritt zum Körper (einschließlich Hoden)
  (b) einen Schlag zum Gesicht
  (c) einen Fußfeger, auf den der Gegner zu Boden geht, auch dann, wenn er sich nur abstützen muß

(2) Zwei Punkte werden zugesprochen für:
   (a) einen Tritt aus dem Stand ins Gesicht
   (b) einen Fußfeger mit unmittelbar darauffolgender Technik
   (c) Sprung-Handkantenschläge und Sprung-Rückhandschläge mit starkem Kime
   (d) einen Drop-Kick, sogenannten Falltritt (ein Punkt jedoch wird für das Zubodengehen abgezogen, so daß netto ein Punkt verbleibt).

(3) Drei Punkte werden zugesprochen für:
alle Sprungtritte zum Gesicht, die das Gesicht auch berühren und für heel kicks, d. h. wenn jemand sich unmittelbar dreht und mit dem hinteren Bein den Kopf trifft, wobei das vordere Bein stehen bleibt. (Die Tritte müssen leichten Kontakt zum Kopf machen, damit sie bewertet werden können.)

(4) Strafen
   (a) Ein Strafpunkt wird gegeben, wenn ein Kämpfer mit beiden Füßen zum dritten, vierten und fünften Mal aus der Kampffläche tritt. Zuvor muß beim zweiten Verlassen der Kampffläche eine Verwarnung ausgesprochen und ein entsprechender Hinweis auf einen Punktverlust erteilt worden sein. (Das Heraustreten aus der Kampffläche während einer Kampfaktion zählt nicht hierunter und darf auch nicht mit einem Strafpunkt belegt werden. Die Vergabe eines Strafpunktes sieht auch so aus, daß der Punkt dem Gegner zugesprochen wird, d. h. nicht, daß man hier Minuspunkte vergibt, sondern daß der Strafpunkt als solcher dem Gegner zugesprochen wird.)
   (b) Die Kampfrichter können einem Kämpfer, der zu hart getroffen wurde, einen Punkt zuerkennen, d. h. also der Getroffene erhält einen Punkt, die Disqualifikation des Schlägers wird dadurch vermieden.
   (c) Ein Kampf, der sich in der Verlängerung des sogenannten »sudden death overtime« befindet (siehe I), kann nicht durch einen Strafpunkt gewonnen werden. Der Gewinner eines Strafpunktes muß in einem solchen Fall eine bewertbare Technik erzielen oder einen weiteren Strafpunkt zugesprochen bekommen. Im Falle eines Strafpunktes muß der Bestrafte zwei Punkte erzielen, um gewinnen zu können.
   (d) Ein Strafpunkt ist auszusprechen, wenn ein Kämpfer zu Boden geht (ohne niedergeschlagen oder gefegt worden zu sein).
   (e) Ein Strafpunkt erhält auch, wer sich absichtlich auf den Boden fallen läßt. (In jedem Fall, wo ein Kämpfer zu Boden geht, sei es auch auf Aktion, z. B. Fußfeger seines Gegners, bekommt der Gegner einen Strafpunkt zugesprochen. Man vermeidet auf diese Weise langwierige Erörterungen, da im Ernstfall ein zu Boden gehen ebenfalls sehr unangenehm ist.)

V. Allgemeine Regeln:

(a) Alle Wettkämpfer müssen Safe-T-Punch und Safe-T-Kick tragen.
(b) Die Kampffläche soll 8 x 8 oder 10 x 10 betragen. Ein Sicherheitsstreifen von einem Meter muß vorhanden sein.

VI. Kontakt und Disqualifikation:

Es darf kein bösartiger, d. h. zu starker Kontakt zum Kopf gemacht werden. Jedoch sollte jeder Wettkämpfer für entsprechende Deckung sorgen.
(1) Nur leichter kontrollierter Kontakt zum Kopf ist erlaubt. Gemäßigter Kontakt zum Körper ist gestattet. Dabei müssen wir berücksichtigen, daß durch den Safe-T-Punch eine starke schockabsorbierende Wirkung erzielt wird und deshalb stark durchgezogene Schläge in Wirklichkeit nur gemäßigten Kontakt darstellen.
(2) Der Angreifer ist stets für seine eigene ausreichende Deckung beim Angriff verantwortlich.
Der Verteidiger darf Kontakt machen, aber niemals bösartigen Kontakt.
(3) Die Kampfrichter entscheiden, was bösartiger Kontakt oder ein übermäßig harter Schlag ist.

VII. Etikette:

Jede Mißachtung des Gegners, der Kampfrichter oder der Offiziellen direkt oder indirekt bedeutet die unmittelbare Disqualifikation für den Kämpfer. Drei solcher Disqualifikationen führen zum Ausschluß vom Wettkampfgeschehen für mindestens drei Monate.
Lediglich Trainer dürfen an der Seitenlinie ihren Kämpfern assistieren.
Die Kampffläche sollte gelb abgeklebt werden, d. h. bis zur Sicherheitslinie. Die Sicherheitslinie, d. h. die äußerste Grenze der Kampffläche, sollte rot abgeklebt werden.
Kritik dazu: Es wird bei der Bewertung z. B. die artistische Fähigkeit des Kämpfers bewertet, also nicht der Treffer allein, sondern auch der Schwierigkeitsgrad, mit dem dieser Treffer erzielt wurde. So wird z. B. ein Fußtritt zum Kopf mit mehr Punkten bewertet, und ein Sprungtritt mit noch mehr Punkten, weil er noch komplizierter ist. Nichts gegen diese Einschätzung; natürlich sind diese Techniken schwerer auszuführen. Ich möchte mich aber dagegen aussprechen, sie auch höher zu bewerten. Entscheidend soll allein der Treffer sein. Es gibt nämlich Sportler, denen die Ausführung solcher

artistischen Techniken mehr liegt, einfach vom Körperbau her, während andere aufgrund ihrer Taktik und ihrer sonstigen Technik durchaus in der Lage sind, wirksame Treffer anzubringen. Ich spreche mich deshalb gegen eine Bewertungsgrundlage aus, die einzelne schon aufgrund ihrer unterschiedlichen körperlichen Voraussetzung bevorzugt. Nun muß man in diesem Zusammenhang wissen, daß der Karaterichtung, von der diese Regeln stammen, eine Orientierung am koreanischen Taekwon-Do zugrunde liegt.
Wir wollen die *Universalität des Karate* nicht aufgeben, wo man sich auf Hand- oder Fußtechniken spezialisieren kann oder beides. Es hat sich auch in der Entwicklung der vergangenen Jahre gezeigt, daß deshalb nicht zwingend vorwiegend »Faustkämpfe« dominieren: Es gibt genügend Sportler, denen Fußtechniken mehr zusagen. Diese Befürchtung der hauptsächlichen Spezialisierung auf Armtechniken stammt aus dem Profilager; denn es könnten – so wird argumentiert – ja sonst leicht beim Vollkontakt-Karate Boxer eingesetzt werden.
Entscheidend für die Bewertungsgrundlage darf allein das Durchkommen zum Ziel, der wirksame Treffer sein.
Als Begründung für die Bewertung nach dem Schwierigkeitsgrad wird auch angegeben, daß es so »sportlicher« sei, d. h. daß es auch für das Publikum besser aussähe, wenn hohe Fußtritte und Sprünge ausgeführt würden. Eine solche von der Begründung her verständliche Bewertungsgrundlage führt aber, wie schon festgestellt, zur Bevorzugung bestimmter Körpertypen, zur Auswahl schon vor dem Kampf. Karate soll aber von jedem betrieben werden können, auch im Wettkampf.
Zu mehr Sportlichkeit kommen wir z. B. auch, wenn wir jeweils über die volle Zeit kämpfen lassen und alle erzielten Wertungen zusammenzählen. Dann kann keiner, wie bisher, durch eine zufällig zugesprochene Wertung gewinnen. Der Bessere hat die Möglichkeit, seine Überlegenheit deutlicher zu beweisen. Auch die Kondition, die im hergebrachten Karate-Wettkampf – verglichen mit Judo oder Boxen – zu kurz kam, wird gefordert.
Zum Problem Vollkontakt oder Halbkontakt (Semi-Kontakt) muß eines deutlich gesagt werden:

Es gibt im Karate nur Nichtkontakt oder Vollkontakt!
Das bedeutet, von der Haltung des Wettkämpfers her nur zwei mögliche Standpunkte:
Entweder ich versuche, den Gegner nicht zu treffen, oder aber ich versuche, den Gegner voll zu treffen. Einem Kämpfen mit „Halbkontakt“ und Safe-T-Ausrüstung muß die Absicht zugrundeliegen, den Gegner nicht ernsthaft zu treffen, sonst bekommen wir Vollkontakt-Karate durch die Hintertür.

Trainingsmethoden

Wir unterscheiden bei den verschiedenen Methoden
1. Technik-Training
2. Geräte-Training
3. Konditionstraining
4. Krafttraining
5. Kampftraining (Sparring).

Zu 1: Hier werden die Techniken gelehrt, die wir von den verschiedenen Karate-Richtungen her kennen. Einschränkung: Nicht Schönheit ist entscheidend, sondern Wirksamkeit.

Zu 2: Hierunter wird das Arbeiten an Sandsäcken, Wandpolstern, am Punching-Ball usw. verstanden zur Erzielung eines harten »Punch« und starken »Kicks«, auch mit Schlagserien, Trittserien und Verbindungen.

Zu 3: Vor allem Lauftraining.

Zu 4: Krafttraining an Maschinen.

Technik-Training

Linke Gerade (Abb. 28, 29)
Aus der Freikampfstellung erfolgt ein Ausfallschritt nach vorn. Die stoßende Faust trifft auf, *bevor* der vordere Fuß auf den Boden gesetzt wird und so das nach vorn fallende Körpergewicht wieder auffängt. So ist die ganze dynamische Energie des nach vorn fallenden Körpers hinter dem Stoß.

Abb. 28

Abb. 29

Rechte Gerade (Abb. 30–33)
Hier erfolgt der Stoß ähnlich wie bei der linken Geraden aus einem Nach-Vorne-Werfen des Körpergewichts, verbunden mit einer ruckartigen Drehung der Hüfte; dies wird verursacht durch das explosive Durchstrecken des hinteren Beins.
Auch hier trifft die Faust auf, solange der Körper noch nach vorne fällt (Abb. 32). Der vordere Fuß fängt den nach vorne fallenden Körper also erst nach dem Stoß auf. So kommen wir zu einem dynamischeren Fauststoß, als er meist in den statischen, traditionellen Karate-Systemen gelehrt wird.

Abb. 30

Abb. 31

Abb. 32

Abb. 33

Auch Körperhaken, Aufwärtshaken, und linke und rechte Haken müssen am Sandsack geübt werden. Karatespezifische Techniken sind noch der Rückfaustschlag und der Schlag mit der Handinnenkante (Abb. 34–37).

Abb. 34

Abb. 36

Abb. 37

Bei den Beintechniken müssen natürlich alle bisherigen Techniken am Sandsack geübt werden (Abb. 38–41).

Abb. 38

Abb. 39

Abb. 40

Abb. 41

Hinzu kommen noch Techniken, die man nur beim Kämpfen mit Kontakt anwenden kann: Hierher gehören alle Beinschläge, die zwar in den verschiedensten Karatesystemen bisher auch schon gelehrt wurden, deren Anwendung im Freikampf aber beschränkt war durch die Tatsache, daß sie nicht geschnappt und damit zentimetergenau arretiert werden können, sondern meist mit einer Körperdrehung »durchgezogen« werden müssen.

Abb. 42

Halbkreisbeinschlag nach innen mit der Fußinnenkante (Abb. 42).

Abb. 43

Halbkreisbeinschlag nach außen mit der Fußaußenkante (Abb. 43).

Abb. 44

Fersenbeinschlag (Abb. 44).

Hierher gehören auch alle Techniken des Nahkampfs, also Haken und dann die überaus wirksamen Ellbogentechniken und Kniestöße.

Ellbogenstoß nach vorn (Abb. 45).

Abb. 45

Ellbogenstoß nach oben (Abb. 46).

Abb. 46

Ellbogenstoß zur Seite (Abb. 47).

Abb. 47

Kniestoß nach oben (Abb. 48).

Abb. 48

Kniestoß nach vorn (Hüftschub; Abb. 49).

Abb. 49

Kniestoß um die Ecke (Abb. 50).

Abb. 50

Abb. 51

Den Gegner umklammern und Kniestoß seitlich über die Arme zum Kopf (Abb. 51, 52).

Abb. 52

Abb. 53

Kniestoß aus dem Sprung (Abb. 53).

Geräte-Training

Was bisher auch schon für das traditionelle Karate galt, gilt natürlich erst recht für Kontakt-Karate:
Durch das Üben der Techniken nur in die leere Luft ist keine Wirksamkeit zu erreichen!
Man täuscht sich höchstens selbst über die Wirksamkeit seiner Technik, wenn man womöglich noch darauf hört, wie laut der berühmte »Schnalzlaut« ist, den der Kampfanzug beim Schlagen, Treten und Stoßen erzeugt. Das Üben der Technik in die Luft ist nur zum Erlernen oder Verbessern des rein technischen Bewegungsablaufs geeignet. Kraft, Ausdauer und Genauigkeit der Technik, das sichere unbewußte Abschätzen der Distanz auch aus der Bewegung, das »Verdauen« des Aufprallschocks (Rückstoßkräfte) – alle diese Punkte können nur beim Stoßen, Schlagen und Treten gegen ein festes Ziel optimal trainiert werden.
Dieses feste Ziel sollte etwa die Konsistenz (Beschaffenheit, Deformierbarkeit) eines menschlichen Körpers haben; man sollte aus ständiger Bewegung heraus danach stoßen, schlagen und treten können. Das geeignete Übungsgerät dafür ist der *Sandsack.* Das Makiwara, ein überliefertes Trainingsgerät, ist nur geeignet, statisch damit zu arbeiten (im Stand) und dabei den »tödlichen Stoß« zu entwickeln (Konzentration der gesamten körperlichen und geistigen Angriffsenergie in den Stoß – KIME). Im Kontakt-Karate, bei dem man nicht auf den einen alles entscheidenden »tödlichen« Schlag lauert, sondern sich bewußt sein muß, daß der erste Schlag oder Tritt vielleicht doch nicht unbedingt tödlich ist, und man deshalb einen überaus vielseitigen, beweglichen und auf viele Kombinationen bauenden Kampfstil bevorzugt, verzichten wir auf dieses statische Übungsgerät und arbeiten auch mit Armtechniken am Sandsack.
Hier ein Blick in einen gut ausgestatteten Box-Übungsraum (Abb. 54–56).
Das *Wandpolster* (Abb. 55) ist vor allem für das Nahkampftraining geeignet. Boxer bandagieren die Hand und ziehen Gerätehandschuhe an. Bei dem kraftvollen Schlagen und Stoßen aus der Bewegung kann nämlich (anders als beim Makiwara, das im Stand immer sicher getroffen werden kann) einmal ein Schlag »schief« landen, so daß wir uns die Hand verstauchen könnten. Und das wollen wir ganz einfach nicht riskieren (obwohl das auch bei einigen zur falsch verstandenen Härte des Karate gehört). Diese Ausrüstung bekommt man in jedem Sportgeschäft.

Abb. 54

Abb. 55

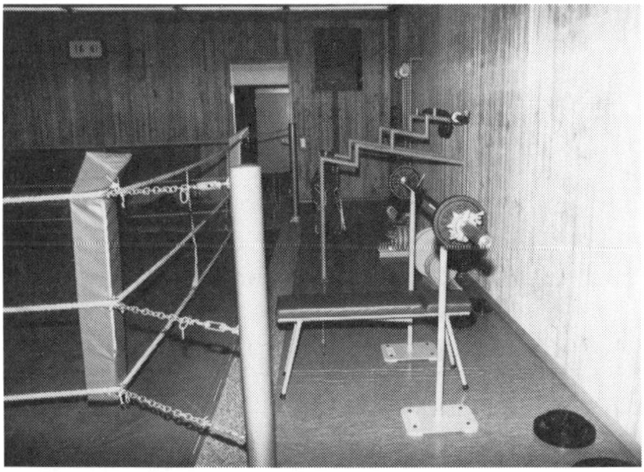
Abb. 56

Hier möchte ich nun einen »Kung-Fu«-Artikel aus Taiwan vorstellen (Abb. 57): Gerätehandschuhe ganz aus Leder, die ohne Bandagen getragen werden können. Das Bearbeiten des Sandsackes mit bloßen Händen ist also nicht zu empfehlen, ebensowenig mit Boxhandschuhen (bzw. Safe-T-Punch), da dabei die Polsterung zerstört wird.

Abb. 57

Arbeit am Sandsack

Natürlich müssen am Sandsack zunächst die Techniken auch einzeln geübt werden (Abb. 58–60). Wichtig aber ist dann, daß ganze Schlagserien am Sandsack einstudiert und fortlaufend ausgeführt werden. Neben der Erzielung härterer Techniken wird so auch die Kondition trainiert. Man kann hier nach folgender Zeiteinteilung arbeiten (natürlich aus freier Bewegung):

1 Minute (später 2 Minuten) Armtechniken (auch »Infight« Haken, Ellbogenstöße)
1 Minute Pause
1 Minute Beintechniken usw.

Abb. 58

Abb. 59

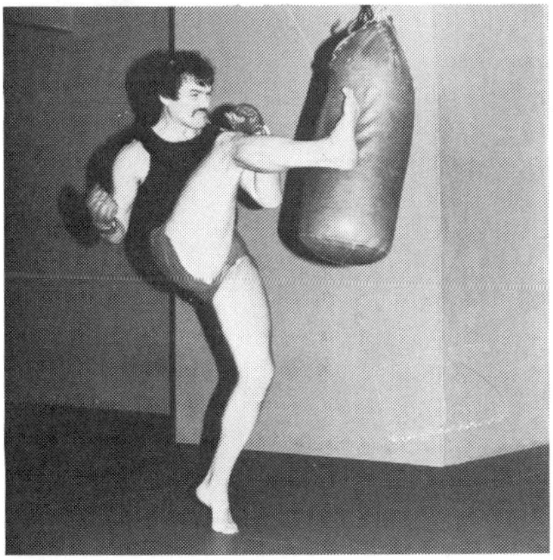
Abb. 60

Das Arbeiten mit tragbaren Sandsäcken

Eine gute Ergänzung für die Arbeit am großen aufgehängten Sandsack ist das Arbeiten mit tragbaren Sandsäcken, die leicht auch selbst hergestellt werden können:

Aus starkem Segeltuch einen Sack nähen (zum Zuziehen), innen einen Plastiksack mit Sägemehl stopfen. Das ergibt eine gute Verformbarkeit. Gänzlich ungeeignet sind hier sog. tragbare Makiwaras mit Griffen, ganz einfach, weil sie zu hart und unnachgiebig sind und man deshalb nicht mit voller Kraft schlagen kann. Außerdem ist bei diesen Geräten die Verletzungsgefahr für den Haltenden und den Ausführenden umso größer, je stärker man draufschlägt. Diese Geräte müssen deformierbar sein, damit sie Energie aufnehmen können und auch mehr der Beschaffenheit des menschlichen Körpers entsprechen.

Ein Partner hält nun den Sack in der gewünschten Höhe und man kann zunächst Einzeltechniken mit voller Kraft ins Ziel schlagen (Abb. 61 bis 65).

Abb. 61

Abb. 62

Abb. 63

Abb. 64

Abb. 65

In dieser Bildfolge wurde ein Armschlagpolster verwendet (Abb. 66, 67). Ferner die Arbeit an einem kleinen Sandsack (Abb. 68–70).
Schwieriger und realistischer ist es dann, Techniken, auch Kombinationen aus der Bewegung (beider Partner) auszuführen. Das Ziel bewegt sich jetzt auch. Anders als beim bisherigen Üben ohne Kontakt erfährt man hier beim Üben aber ganz konkret, ob man mit einer Technik auch wirklich sicher und kraftvoll trifft.

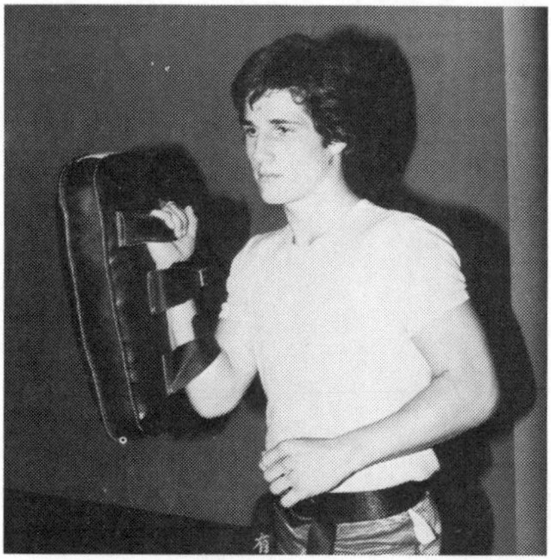

Abb. 66

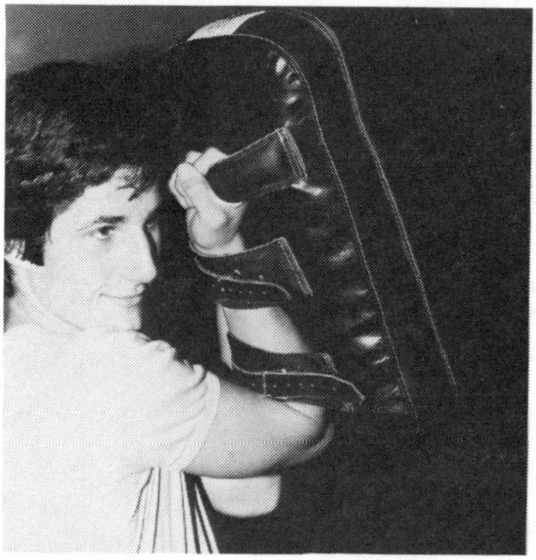

Abb. 67

Abb. 68

Abb. 69

Abb. 70

Solche Trainingsmethoden sind natürlich auch für das traditionelle Karate geeignet und wurden auch schon von guten Trainern immer eingesetzt. Zwingend aber waren sie nicht, so daß durchaus jemand den Schwarzgurt im Karate machen konnte, ohne jemals gegen ein tatsächliches Ziel geschlagen, getreten oder gestoßen zu haben. Ich erinnere mich noch gut an eine DAN-Prüfung in Baden-Württemberg, bei der wir (unangesagt) einen Sandsack aufhingen und (damals noch) ein Makiwara aufbauten. Die Prüflinge mußten dann Hand- und Fußtechniken gegen ein tatsächliches Ziel ausführen. Das Ergebnis war sehr aufschlußreich: Manche Prüflinge, deren Techniken in der Grundschule ganz gut ausgesehen hatten, kamen z. B. mit dem Sandsack überhaupt nicht zurecht. Sie waren nicht in der Lage, ihre Fußtechniken kraftvoll und sicher auch gegen das konkrete Ziel auszuführen, hatten Schwierigkeiten mit der Distanz oder dem Aufprallschock. Einer setzte sich durch den Rückstoß und weil die Distanz für den Tritt zu gering war, sogar auf den Hintern!
Man kann einfach nicht erwarten, daß man im Ernstfall plötzlich etwas kann, was man nie geübt hat, nämlich kraftvoll und sicher ein festes Ziel tatsächlich zu treffen!
Das ist auch durch Partnerübungen, bei denen man den Partner ja nie richtig trifft, nicht zu erreichen.
So ist Kontakt-Karate auch zu verstehen:
Als Üben mit mehr Kontakt, ja mit vollem Kontakt gegen feste (und womöglich bewegliche) Ziele: Großer Sandsack, vom Partner getragener Sandsack, oder Partner durch Körperschutz und Safety-Ausrüstung des Ausführenden geschützt.
So betrachtet ist es nämlich auch im traditionellen Karate wichtig, mehr Kontakt zu machen. Wer darauf verzichtet, macht sich Illusionen über die Wirksamkeit seiner Techniken im Ernstfall. Er »glaubt« über harte und womöglich tödliche Techniken zu verfügen und hat noch nie (nicht einmal am Sandsack) konkret die Wirksamkeit und Sicherheit seiner Techniken gespürt.

Konditions- und Krafttraining

Vor allem das Lauftraining ist als Konditionstraining geeignet. Vergleiche hierzu Treppenrennen (Abb. 71–73). Krafttraining wird am besten an Maschinen absolviert.

Abb. 72

Abb. 71

Abb. 73

Kampftaktiken und Kampftechniken

Im klassischen Karate herrscht das KIME-Prinzip, der Grundsatz des ersten »tödlichen« Schlages. Da hier der Kampf mit dem ersten Treffer schon beendet sein kann, bewegen sich beide Kämpfer natürlich äußerst vorsichtig, belauern sich gegenseitig und es spielt sich oft einige Zeit »nichts ab«. So einleuchtend und faszinierend dieses Prinzip des »tödlichen« Schlages auch ist, der Gedanke also, daß *ein* mit Absicht und voller Kraft ins Ziel geführter Angriff den Kampf sofort beendet, so fragwürdig ist er andererseits auch wieder, wenn man an den Ernstfall denkt, in dem man damit rechnen muß, daß ein solcher mit Absicht und Kraft gezielter Schlag, Tritt oder Stoß durchaus nicht den Gegner tötet oder auch nur außer Gefecht setzt. Andererseits kann ein Schlag mehr ohne Absicht, vielleicht aus einer Reflexbewegung heraus, den Gegner unerwartet zu Boden strecken. Vollends fragwürdig wird dieses Prinzip aber, wenn wir es *sportlichen Wettkämpfen* zugrunde legen:

1. Die von den Kampfrichtern dem »Treffer« zugesprochene Wirkung ist oft sehr fragwürdig.
2. Da der erste »durchgekommene« Angriff den Kampf entscheiden kann, belauern sich die Gegner zu sehr. Oft spielt sich kaum etwas ab, da niemand diesen ersten Treffer riskieren will. Es siegt dann meist der mit den besseren Nerven. Nun, das ist doch etwas, werden viele sagen. Richtig, aber es ist für einen anspruchsvollen Sport zu wenig.

Begründung (mit Absicht etwas überspitzt formuliert):
Im traditionellen »Ein-Punkt-System« kann jemand Meister werden, auch wenn er konditionell nicht in Topform ist. Er kann sogar Kettenraucher sein und die halbe Nacht vor dem Wettkampf durchgefeiert haben. Er hat ja seine Nerven und das genügt ihm, um im entscheidenden Augenblick seinen Treffer anzubringen. Man versuchte nun durch das Einführen des Zwei-Punkt-Systems zu erreichen, daß der Kampf nicht schon durch einen zufälligen Treffer oder einen der häufigen Kampfrichterirrtümer zu Ende war. Jetzt konnte der bessere Kämpfer zeigen, daß er tatsächlich besser war, indem er nämlich noch zwei, drei weitere Treffer anbrachte.

Da nun der Kampf nicht schon mit dem ersten Treffer zu Ende war, riskierten die Kämpfer mehr, die Kämpfe wurden aktionsreicher und beweglicher. (Leider stieg nun durch den verstärkten Einsatz auch wieder die Verletzungsquote.)

Ein Nachteil des »Ein-Punkt-Systems« und des daraus resultierenden gegenseitigen Belauerns ist nämlich auch die angespannte, ganz auf die ebenfalls meist statische Position des Gegners fixierte unbewegliche Kampfesweise und -haltung (Abb. 74). Aus den tiefen, gespannten Stellungen »explodiert« dann der Angreifer plötzlich. Da aber der Gegner seinerseits ihn dauernd mit äußerster Wachsamkeit beobachtet, reagiert er sofort. Das sind die typischen

Abb. 74

Ai-uchi-Situationen, d. h. daß es dann zu gleichzeitigen Techniken kommt, die im Nicht-Kontakt natürlich nicht gewertet werden können, da man nicht klar sieht, welcher Angriff stärker (wirkungsvoller) gewesen wäre. Im Ernstfall ist es durchaus vorstellbar, daß jemand seinen Gegner mit einem starken Fauststoß am Kopf trifft, während er gleichzeitig einen gleichstarken oder stärkeren Körpertreffer erhält. Fraglos, wer hier stehenbleibt! Im traditionellen Karate ist es in einem solchen Fall oft so, daß für den Körpertreffer etwas gegeben wird (weil man ihn hört oder Wirkung sieht), während für den »Treffer« am Kopf oft nichts gegeben wird, obwohl (oder gerade weil) er gut kontrolliert und kraftvoll war, ganz einfach, weil es zu schnell geht und man keine Trefferwirkung sieht oder hört.

Eine weitere Folge dieser starren, angespannten Kampfesweise ist es auch, daß die Anzahl der verwendeten Techniken auf ganz wenige direkte und geradlinige beschränkt wird. Viele sprechen hier mit Recht etwas abwertend von »Gyaku-Tsuki/Mae-Geri-Meisterschaften«.

Durch das Kämpfen mit mehr Kontakt und mit der Sicherheitsausrüstung bekommen wir ein bewegteres, vielseitigeres Karate. Man sieht weit mehr Techniken, die in vielfältigen Kombinationen ausgeführt werden. Das führt auch dazu, *daß die Kondition in dieser Art Karate weit mehr gefordert wird!* Auch das ist sicher eine sportliche Ergänzung. Das starre, gegenseitige Belauern weicht einem beweglichen Kampfstil mit ausgeprägter Beinarbeit.

Auch kampftaktisch kann die Kondition nun weit besser eingesetzt werden als bisher!

Durch die bewegliche Beinarbeit wird auch die Kampfstellung völlig anders; sie kann gar nicht tief und angespannt sein, mit beiden Fußsohlen fest auf dem Boden. Sie sieht eher aus wie eine Boxerstellung: Die Ferse des hinteren Fußes hat sich leicht vom Boden gelöst, die Füße sind enger beieinander.

Auch die Deckung ist mehr wie beim Boxen: Die Ellbogen decken den Körper, die Fäuste sind in der Nähe vom Kinn (Abb. 75, 76).
Wir machen keine grundschulmäßigen Abwehren (Blocks), sondern decken den Körper mit den Armen (Abb. 77–79). Das mag manchen zu sehr ans Boxen erinnern und zu der (stolzen) Bemerkung veranlassen: Wir machen doch Karate, wir boxen doch nicht!
Hier muß ich einmal ganz nachdrücklich viele Karateka von ihrem hohen Roß herunterholen! Viele glauben nämlich, sie hätten einen härteren und genaueren Schlag als Boxer. Für die Schlaghärte verweisen sie auf Bruchtests, also etwas, was Boxer nie machen würden. Nun, die wissen warum! Wer von uns hat sich nicht schon bei einem Buchtest verletzt? Außerdem, was soll damit schon bewiesen werden? Der Gegner im Ernstfall hält ja nicht still!

Abb. 75

Abb. 76

Abb. 77

Abb. 78

Abb. 79

Schlaghärte? Man stelle sich mal neben einen guten Boxer an den Sandsack und man wird in Bezug auf Schlaghärte, aber auch auf Schlaghäufigkeit und Kombinationen ganz schön frustriert!
Schlaggenauigkeit? Auch hier ist es ein arroganter Irrtum zu glauben, Boxer schlügen ungenau.
Betrachtet man nun noch die vielseitige Beinarbeit, die eleganten Sidesteps, die geschmeidigen Meid- und Täuschbewegungen mit dem Oberkörper, die rationellen Abwehrbewegungen, den im traditionellen Karate fehlenden äußerst vielseitigen Nahkampf (Infight), so kommt man zu dem Schluß:

Vom Boxen können wir, was das Kämpfen mit den Fäusten angeht, nur lernen!

Das hat übrigens der vielbewunderte Bruce Lee schon lange getan, der für viele als Verkörperung des Kung-Fu gilt, obwohl er sich über traditionelle Stile eigentlich nur lustig machte.
Wenn wir soweit kommen, daß wir mit den Fäusten so gut arbeiten können wie ein Boxer und dazu noch das Treten beherrschen, dann erst ist Karate die optimale Kampfart!
Eine weitere wichtige Tatsache, die wir nur im Kampf mit Kontakt erlernen können, ist die: *einen Schlag zu nehmen.* Ich denke dabei nicht nur an das »Verdauen« eines Schlages, sondern vor allem an das Mitgehen im letzten Moment. Bei Fußtechniken am Körper wurde das bisher auch schon praktiziert, daß man z. B. die Energie eines Vorwärtstritts durch Drehen des Körpers auch noch in dem Moment, in dem der Fuß den Körper eben trifft, ablenken kann (das Prinzip der »sich öffnenden Türe«, Abb. 80, 81).

Am Kopf wurde es nie praktiziert; deshalb, weil ja am Kopf nicht durchgeschlagen wurde. Es bestand ganz einfach keine Notwendigkeit zu lernen, wie man mit dem Kopf mit einem Schlag mitgehen kann im selben Moment, in dem man schon getroffen wird. Etwas, was man nie geübt hat, kann man aber ganz sicher nicht, wenn es darauf ankommt!
Hier Beispiele für das Mitgehen mit dem Kopf (Abb. 82–89). Man muß beim Üben abwarten, bis der Kopf eben getroffen wird. Nicht schon vorher mitgehen, denn das haben wir bisher auch schon geübt! Jetzt wollen wir ja ganz speziell Möglichkeiten üben, mitzugehen in dem Moment, in dem der Treffer landet. Mit dem Kopf genau nach hinten ausweichen (Abb. 82), dann

Abb. 80

Abb. 81

Abb. 82

mit dem vorderen Bein Vorwärtstritt (Abb. 83). Abb. 84 zeigt ein Drehen des Kopfes mit dem Schlag, anschließend lassen wir den Körper nach links hineinfallen zu einem Körperhaken (Abb. 85). In Abb. 86 haben wir den Kopf nach innen mitgedreht und könnten nun anschließen in engem Kontakt mit einem Ellbogenstoß (Abb. 87), in etwas weiterem Abstand einen Rückfaustschlag zum Kopf (Abb. 88), und in noch größerem Abstand einen Seitwärts- oder Rückwärtstritt ausführen (Abb. 89).

Abb. 83

Abb. 84

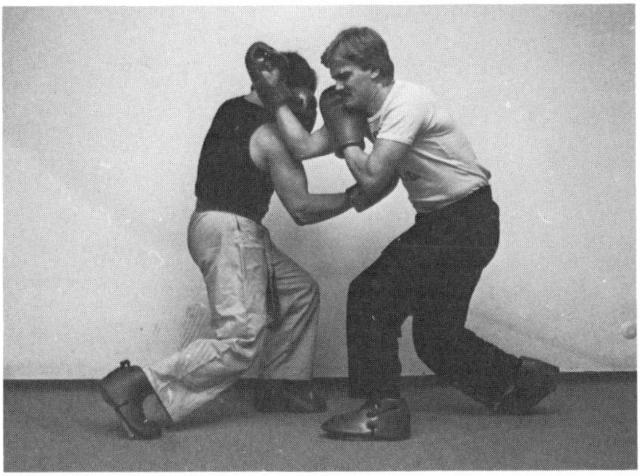

Abb. 85

Abb. 86

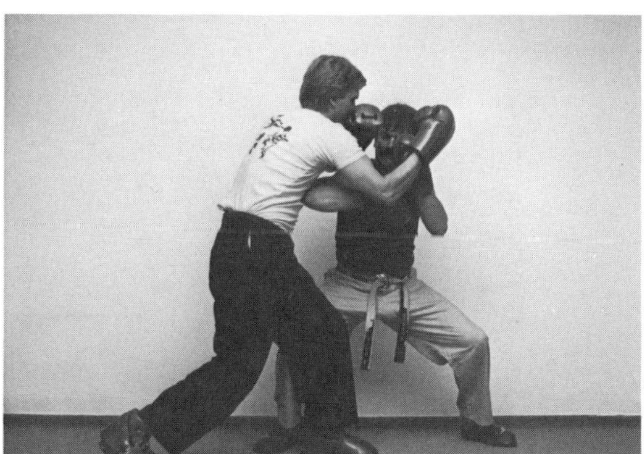

Abb. 87

Abb. 88

Abb. 89

Taktische Möglichkeiten

Beinarbeit

Da wir nun nicht mehr schon beim ersten »tödlichen« Schlag verlieren können, bzw. gezwungen sind, Punkte zu machen, wird der ganze Kampfstil beweglicher. Das bedeutet, daß wir diese verstärkte Beinarbeit auch taktisch einsetzen können und müssen:

1. Bei einem statisch und mehr unbeweglich kämpfenden Gegner: Viel bewegen, um ihn herumtanzen, plötzlich mit Scheinangriffen vorpreschen, um ihn zu irgendeiner Reaktion bzw. selbst zur Bewegung zu veranlassen.
2. Der Wechsel von aktiv – passiv. Viele Kämpfer sind hier schon von ihrem Temperament her auf einen bestimmten Kampfstil festgelegt. Sie kämpfen entweder aggressiv angreifend oder sind mehr defensive Konterkämpfer. Ein guter Kämpfer sollte alle »Gangarten« beherrschen. Nur so kann er sich auch von daher auf verschiedene Gegner einstellen. Auch während eines Kampfes mit demselben Gegner kann es sehr vorteilhaft sein, plötzlich zu wechseln, so daß er sich nicht auf uns einstellen kann.

Die Beinarbeit, verbunden mit Pendelbewegungen des Oberkörpers oder auch nur eines Zuckens mit dem Kopf, kann dazu benutzt werden, die Konzentration des Gegners zu erschüttern, ihm gewisse Angriffe vorzutäuschen, anzukündigen, zu »telefonieren«, auf die er dann in der beabsichtigten Weise reagieren soll. Zu dieser psychologischen Kriegsführung gehört auch das

Abb. 90

Abb. 91

Abb. 92

Zick-Zack-Prinzip

Wenn sich zwei Gegner in der alten statischen Kampfweise gegenüberstehen, dann ist ihre Aufmerksamkeit geradlinig auf den Gegner fixiert. Jede direkte Angriffsbewegung wird sofort erkannt und beantwortet. Es besteht praktisch so etwas wie eine direkte Verbindung gespanntester Aufmerksamkeit zwischen den Gegnern. Diesen »Kanal« gespanntester Konzentration müssen wir umgehen und so die »Radaranlage« des Gegners stören. In der Praxis sieht das z. B. so aus, daß wir einen Angriff nach innen machen bzw. vortäuschen und dann außen angreifen. Hierzu ein Beispiel mit alternativen Anwendungsmöglichkeiten (Abb. 90–105).

Der Angreifer taucht, einen Angriff vortäuschend, nach links innen (Abb. 90, 91) und setzt dann den Fuß blitzschnell nach rechts außen mit einem Rückfaustschlag links zum Kopf (Abb. 92).

Diesen Bewegungsablauf sehen wir auch nochmal in Abb. 93–95.

Abb. 93

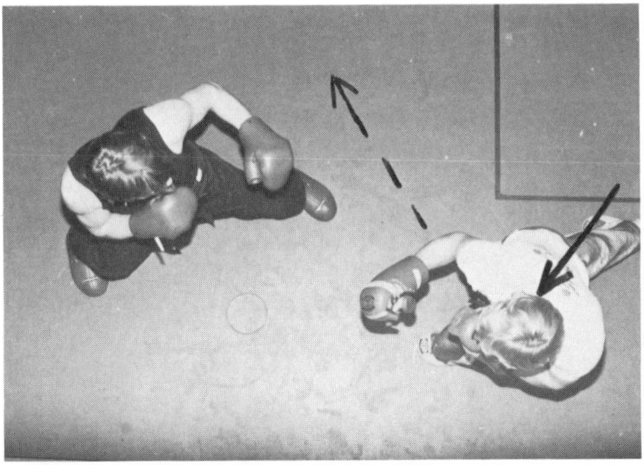
Abb. 94

Abb. 95

Dann schlägt der Angreifer mit dem entlasteten linken Bein einen Fersenbeinschlag zum Kopf oder zum Rücken (Abb. 96, 97).

Abb. 96

Abb. 97

Wenn wir diesen Fersenbeinschlag tiefer gegen die Achillessehne ansetzen und dabei mit der linken Handfläche gegen die Schulter des Angreifers stoßen, kommen wir zu einem Beinwurf (Abb. 98).

Abb. 98

Abb. 99

Aus der Position von Abb. 92 bzw. 95 können wir auch mit dem rechten Bein aus der Körperdrehung, verbunden mit einer Körperverlagerung auf das andere Bein, einen Fußhaken reißen und so den Gegner zu Fall bringen (Abb. 99).

Abb. 100

Das fegende Bein wird hochgezogen und führt dann einen Stampftritt gegen den am Boden liegenden Gegner aus (Abb. 100).

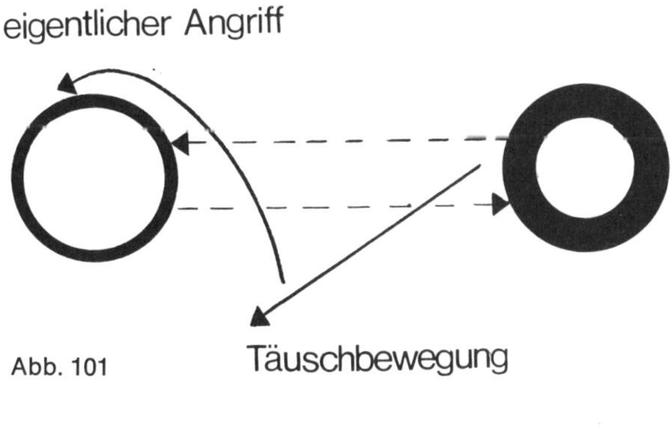

Abb. 101

Dieses Bewegungsprinzip (Zick-Zack) verdeutlicht noch einmal das Diagramm (Abb. 101).

Abb. 102

Sollte der Gegner mit dem Fußhaken von Abb. 99 nicht zu Fall gebracht worden sein, weil es ihm gelang, sein Bein hochzuziehen, so können wir sofort mit einem Rückwärtstritt bzw. Fersenbeinschlag folgen (Abb. 102).

Abb. 103

Aus der Pos. von Abb. 95 bzw. 92 können wir auch sofort mit einem Kniestoß links nachfolgen, wobei wir mit der linken Hand den Hinterkopf des Gegners nach unten reißen (Abb. 103).

Abb. 104

Eine weitere Möglichkeit aus Position 95 bietet ein Schlag aus der Hüftdrehung mit der Handinnenkante ins Genick, zum Hinterkopf (Abb. 104) oder ein rechter Kopfhaken (Abb. 105).

Abb. 105

Abb. 106

Abb. 107

Dieses »Zick-Zack«-Durcheinanderbringen der gegnerischen Aufmerksamkeit gilt natürlich nicht nur horizontal (also links-rechts bzw. rechts-links), sondern auch oben-unten bzw. unten-oben. Beispiele: Durch Körperangriffe (2—3mal) die Deckung bzw. die Aufmerksamkeit des Gegners nach unten lenken (Abb. 106).

Beachte dabei die Kopfdeckung mit der rechten Hand! Dann plötzlich oben rechts mit einem Haken nachsetzen (Abb. 107).

Hierher gehören auch die klassischen Kombinationen:

1. Fußtritt nach vorne zum Körper (Abb. 108), gefolgt von Faustst0ß zum Kopf noch in der Luft beim nach Vornfallen des Körpers (dynamische Technik, Abb. 109).

Abb. 108

Abb. 109

2. Umgekehrt Fauststoß zum Kopf (Abb. 110), gefolgt von Vorwärtstritt zum Körper (Abb. 111). Eng verwandt mit dem Zick-Zack-Prinzip bzw. sich oft damit überschneidend, ist ein anderes Prinzip:

Abb. 110

Abb. 111

Der unterbrochene Rhythmus

Man täuscht einen schnellen Angriff an. Der Gegner reagiert darauf zumindest mit einer momentanen geistigen und körperlichen Anspannung, die sich automatisch, wenn der Angriff plötzlich abbricht, löst. Und genau in diese, vom Gegner nicht zu kontrollierende Entspannungsphase trifft dann der eigentliche Angriff. Meist wird hier noch mit dem Zick-Zack- bzw. dem Oben-Unten- bzw. Unten-Oben-Prinzip kombiniert.

Abb. 112

Abb. 113

Abb. 114

1. Beispiel

(Abb. 112–114)

Ein plötzliches Heranreißen des rechten Beines signalisiert einen Vorwärtstritt. Nach dem abrupten Abstoppen dieser Bewegung wird dann der eigentliche Vorwärtstritt in die Entspannungsphase gepeitscht.

Abb. 115

Abb. 116

2. Beispiel

(Abb. 115, 116)

Durch ruckartiges, energisches Eindrehen der Hüfte wird eine rechte Gerade zum Körper angetäuscht (Abb. 115). Nach ebenso ruckartigem Bewegungsstop werfen wir den Körper vor mit Fauststoß rechts oben (Abb. 116). *Beachte hierbei, daß die Faust auftrifft, so lange der Körper noch mit voller Geschwindigkeit nach vorne geworfen wird! Diese Art des Fauststoßes, bei dem die Faust auftrifft bevor der Körper ganz vorgegangen ist, ist viel schneller als die alte statische Art (zuerst gehen, dann stoßen) und vor allem dynamischer, d. h., durch die Bewegungsenergie des nach vorne katapultierten Körpers energiereicher!* Lies hier auch noch einmal die Beschreibungen für die Grundfauststöße (linke Gerade, rechte Gerade, Abb. 28—33)!

Abb. 117

3. Beispiel

(Abb. 117, 118)

Bei eigener Rechtsvorwärtsstellung täuschen wir linken Fauststoß (tief) an (Abb. 117). Jetzt stoßen wir uns aus den gebeugten Beinen nach oben vorne und treffen aus diesem Aufrichten heraus den Gegner rechts am Kopf (Abb. 118).

Abb. 118

Abb. 119

4. Beispiel

(Abb. 119, 120)

Nach demselben Prinzip läßt sich auch die Kombination Vorwärtstritt – Fauststoß zum Kopf durchführen. Nur daß wir jetzt den Tritt nicht tatsächlich ausführen, sondern nur das Knie hochreißen, diese Bewegung wieder abrupt abbrechen (Abb. 119) und die Faust zum Kopf herausschießen lassen (Abb. 120). Auch hier trifft die Faust wieder, solange der Körper nach vorne fällt!

Abb. 120

5. Beispiel
(Abb. 121, 122)

Nach dem Hochreißen des Knies wie zum Vorwärtstritt (Abb. 121) oder wie bei Abb. 113, brechen wir die Bewegung wieder ruckartig ab und treten dann in der Entspannungsphase mit dem Halbkreisfußtritt zum Kopf (Abb. 122).

Abb. 121

Unterbrochenen Rhythmus haben wir auch dann, wenn wir den Gegner ein paar Mal mit derselben Technik und mit derselben Geschwindigkeit angreifen, so daß er sich mit seiner Reaktion auf diese Angriffsgeschwindigkeit einstellt. Plötzlich greift man dann viel schneller an.

Abb. 122

Abb. 123

Abb. 124

6. Beispiel

(Abb. 123, 124)

Aus Übersetzschritt oder Heranziehen des hinteren Beines die Hüfte vorwerfen wie zu einem Seitwärts-Rückwärtstritt oder einem Fersenbeinschlag (Abb. 123). Diese Bewegung wieder ruckartig abstoppen und mit der Rückfaust zum Kopf schlagen aus einem Vorwerfen des Oberkörpers heraus (Abb. 124).

Abb. 125

Abb. 126

Abb. 127

7. Beispiel
(Abb. 125–127)

Diese Kombination ist genau umgekehrt: Rückfaust zum Kopf aus einem Hinterkreuzschritt heraus (Abb. 125), gefolgt von einem Fersenbeinschlag (Abb. 126, 127).

Kontertechnik

Auch in der Kontertechnik müssen wir wegkommen von geradlinigen Ausweichbewegungen und versuchen, seitlich oder hinter den Gegner zu kommen, so daß wir den Gegenangriff praktisch aus dem »toten Winkel« führen können.

Beispiele:

Abb. 128

Gegen Vorwärtstritt

a) Ablenken mit dem vorderen Arm und Gegenangriffe
(Abb. 128–131)

Schritt links raus und Hüftdrehung (Prinzip der sich öffnenden Türe). Mit dem abweh-

Abb. 129

Abb. 130

Abb. 131

renden Arm weit in Trittrichtung mitschwingen (Abb. 129). Beachte auch hier die Kopfdeckung mit der rechten Hand! Jetzt reißen wir den Abwehrarm wieder zurück mit einem Rückfaustschlag zum Kopf (Abb. 130), gefolgt von einer Handinnenkante aus dem kraftvollen Wiedereindrehen der Hüfte (Abb. 131).

Abb. 132

Abb. 133

Abb. 134

b) Ablenken mit dem hinteren Arm und dabei den Gegenangriff führen (Abb. 132, 133)

Wir schwingen abwehrend den hinteren Arm in Trittrichtung mit, öffnen dabei die Hüfte, indem wir links rausgehen und die Hüfte scharf drehen. Die linke Rückfaust schlägt bei dieser Hüftbewegung gleichzeitig zum Kopf (Abb. 132). Anschließend reißen wir auch hier wieder die Handinnenkante (oder einen rechten Haken) aus der kraftvollen Gegendrehung der Hüfte zum Kopf (Abb. 133).

c) Ganz mitdrehen nach außen (Abb. 134–143)

Auf dem vorderen Fuß drehend, schwingen wir den hinteren Fuß an den vorderen heran, wobei wir mit dem vorderen Arm den Vorwärtstritt nach innen ablenken (Abb. 135).

Jetzt könnten wir wieder, wie bei Abb. 131, die linke Hand mit einem Rückfaustschlag zum Kopf reißen, gefolgt von einem Körper- (Abb. 136) oder Kopfhaken (Abb. 137).

Abb. 135

Abb. 136

Abb. 137

Abb. 138

Abb. 139

Hier lassen wir aber jetzt nach Abb. 135 einen Fersenschlag links unter die Deckung des Gegners folgen (Abb. 138). Weitere Möglichkeit für einen Fersenbeinschlag: Gleich aus dem Wegdrehen der Hüfte den Körper ganz weiterdrehen mit einem Fersenbeinschlag rechts zum Rükken oder Genick (Abb. 139).

Abb. 140

Diese beiden Aktionen hier nocheinmal von oben (Abb. 140–143).

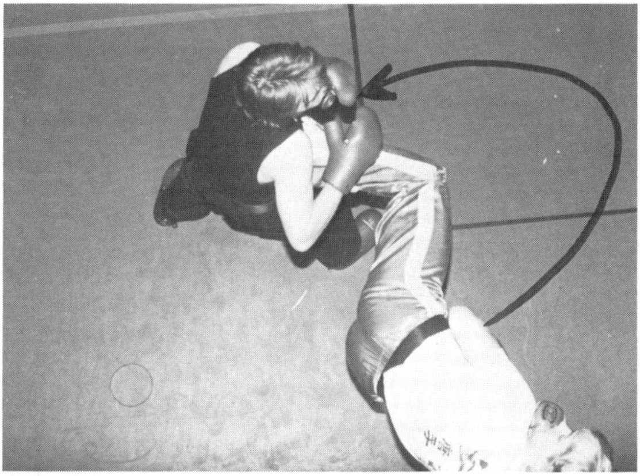

Abb. 141

Abb. 142

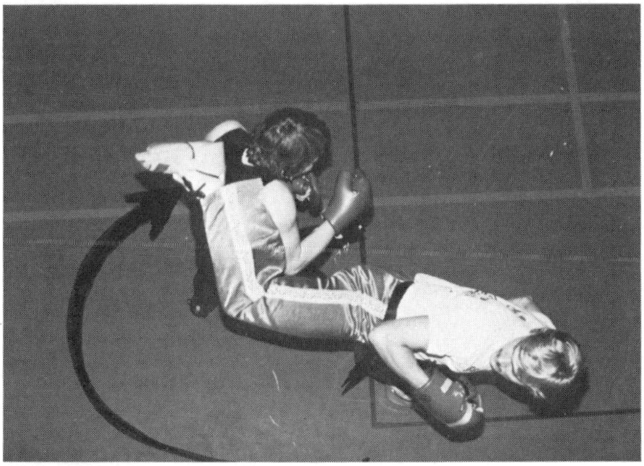

Abb. 143

Abb. 144

Abb. 145

Abb. 146

Für den Angreifer bedeutet das, daß er sich in seinem Angriff darauf einstellen muß, daß der Gegner sich möglicherweise seitlich in den toten Winkel weiterbewegt. *Das muß zur Folge haben, daß auch vom Angriff her das Karate vielseitiger, beweglicher werden muß.* Nehmen wir einmal die klassische, geradlinige Angriffskombination – Vorwärtsfußtritt (Abb. 144), gefolgt von Fauststoß (Abb. 145): Der Gegner wehrt den Fußtritt ab und wird von dem nachfolgenden Fauststoß getroffen.

Wenn sich der Angegriffene aber seitlich aus der Richtung des Fußtritts dreht, entgeht er auch dem nachfolgenden Fauststoß. Hier müssen wir nun im modernen, beweglichen Karate das Unterbewußtsein auch des Angreifers für solche, von dem geradlinigen Schema abweichenden, Situationen schulen. Das

Abb. 147

Abb. 148

Abb. 149

bedeutet z. B. hier, daß der Angreifer sofort – noch mit dem Trittbein in der Luft – einen Faustrückenschlag zum Kopf des ausweichenden Gegners macht (Abb. 146, 147 u. 148, 149).

Abb. 150

Wenn der Gegner noch mehr in unseren toten Winkel ausgewichen ist, können wir sofort mit einem Fersenbeinschlag in Richtung unseres toten Winkels weiterdrehen (Abb. 150, 151).

Abb. 151

Abb. 152

d) Ablenken mit dem vorderen Arm und dabei nach innen gehen (Abb. 152–158)

Links den Vorwärtstritt abwehren und dabei mit dem linken Fuß nach innen gehen (Abb. 152). Man beachte auch hier wieder die Kopfdeckung rechts! Weiterdrehen mit Fersenbeinschlag zum Kopf (Abb. 153) oder, besonders wenn der Gegner sofort reagierend mit Fauststoß rechts nachsetzen will, Rückwärtstritt tief unter den Stoßarm (Abb. 154). Auch Weiterdrehen mit Rückfaustschlag rechts möglich (Abb. 155).

Abb. 153

Abb. 154

Abb. 155

Abb. 156

Aus der Ausweichposition auf Abb. 156 kann man den Körper auch wieder nach links werfen mit Rückfaustschlag zum Kopf (Abb. 157), gefolgt von Handinnenkante rechts ins Genick bzw. Haken rechts zum Körper (Abb. 158) oder zum Kopf.

Abb. 157

Abb. 158

Abb. 159

Abb. 160

Abb. 161

Abb. 162

Abb. 163

Abb. 164

Hier nun wieder eine Möglichkeit für den Angreifer, sofort auf dieses Unterlaufen zu reagieren: Der vordere Arm macht noch aus der Luft einen Hammerfaustschlag auf den Kopf des Gegners, wobei der andere Arm zur Deckung vor dem Körper bleibt (Abb. 162).

c) Das Mitdrehen mit dem Angriff
(Abb. 163–167)

Schritt rechts vor in den Angriff hinein. Zur Sicherheit dabei links blockieren, den Halbkreistritt aber damit nicht aufhalten (Abb. 164), sondern jetzt weiterdrehen durch Wegschwingen des linken Beines und dabei Rückfaustschlag rechts (Abb. 165). Diese ganze Konteraktion läßt sich auch im Drehsprung aus der Luft durchführen (Abb. 166, 167) – auch gegen einen Vorwärtstritt und, wie wir später sehen werden, gegen Fauststöße.

Abb. 165

Abb. 166

Abb. 167

Die linke Führungshand

Die gestochene linke Gerade ist eine der Hauptwaffen im Boxen. Mit ihr kann man sich den Gegner vom Leib halten und viele andere Angriffe vorbereiten. Auch im Karate wird sie deshalb gelehrt, allerdings meist nicht realistisch genug:

Hier z. B. ein Wettkampffoto aus einer Weltmeisterschaft (IAKF 75) (Abb. 168). Beide Kämpfer sind mit dem Fauststoß zum Kopf durchgekommen bzw. »getroffen« worden, weil sie eine wichtige Regel, die jeder Boxer sehr bald lernen muß, außer acht gelassen haben: Die andere Hand vors Kinn ziehen, um einen möglichen Konterstoß aufzufangen. Der Arm deckt dabei den Oberkörper. Weiter vorne wurde das ja schon beschrieben, siehe Abb. 29! Und hier noch ein Wettkampffoto aus einer deutschen Meisterschaft (Abb. 169). Der linke Kämpfer läßt die rechte Deckungshand hängen und könnte deshalb leicht mit einem linken Stoppstoß gekontert werden.

Abb. 168

Abb. 169

Abb. 170

Abb. 171

Nun Partnerübungen dazu:

1. Beide Partner in Kampfstellung (Abb. 170). Einer stößt nun laufend die Führungshand heraus, der andere hält die Hände vors Kinn (Handflächen nach vorne) und geht mit dem Kopf und den Händen mit (genau nach hinten pendeln) (Abb. 171).

Abb. 172

Abb. 173

Abb. 174

2. Wieder dasselbe, nur pendelt der Angegriffene jetzt nicht nach hinten, sondern dreht aus der Hüfte scharf mit, wenn die angreifende Faust auf die Deckung prallt. Abb. 172 zeigt das Mitdrehen nach außen, Abb. 173 nach innen.

Aus diesem schnellen Mitgehen durch das Drehen aus der Hüfte lassen sich eine Menge Kontermöglichkeiten entwickeln:

3. Stoppstoß links. Wenn der Gegner mit seiner Führungshand heraussticht, fangen wir diese vor dem Kinn mit der rechten Handfläche auf, werfen dabei die linke Hüfte nach vorn mit Konterstoß links zum Kinn.

Die rechte Handfläche geht dabei mit dem gegnerischen Stoß mit

– nach innen mitdrehen (Abb. 174, 175).

Abb. 175

4. Nach außen mitdrehen und gleichzeitig Konterstoß zu den kurzen Rippen (Abb. 176).

Abb. 176

5. Nach außen mitdrehen und dabei rechts zum Kopf stoßen (Abb. 177).

Abb. 177

Abb. 178

6. Nach außen mitdrehen (Abb. 178), die linke Hand fallenlassen und den Körper mit einem Schritt nach rechts werfen mit Körperhaken links (Abb. 179).

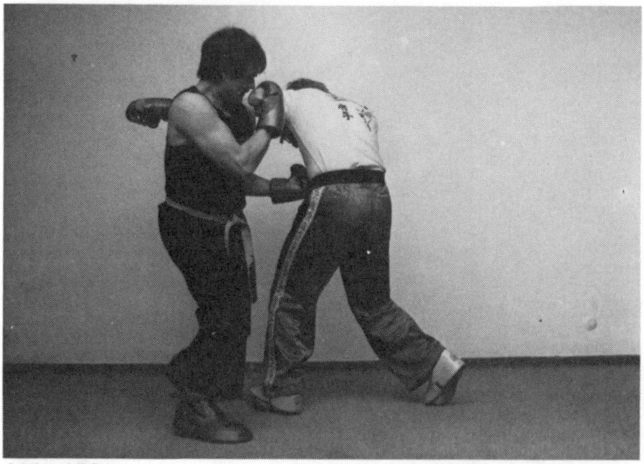

Abb. 179

Abb. 180

7. Beim Nachaußendrehen hochspringen und stoßen (Abb. 180) bzw. Rückfaustschlag (Abb. 181).

Abb. 181

Abb. 182

8. Nach innen mitdrehen und Rückfaustschlag (Abb. 182); auch aus dem Sprung (Abb. 183).

Abb. 183

Andere Kampfaktionen

Abb. 184

Abb. 185

1. Aus dem Hinterkreuzen (Abb. 184, 185) einen Rückwärts- bzw.

Abb. 186

Abb. 187

Abb. 188

Seitwärtstritt (Abb. 186); den Körper gleich weiterdrehen zum Fersenbeinschlag (Abb. 187–189). Sollte es dem Angegriffenen gelungen sein, durch Zurückpendeln des Oberkörpers dem Fersenbeinschlag zu entgehen, können wir sofort in der Gegenbewegung mit einem Halbkreisfußtritt nachfolgen (Abb. 190, 191).

Abb. 189

Abb. 190

Abb. 191

Diese Aktion sehen wir von oben auf Abb. 192–198.

Abb. 192

Abb. 193

Abb. 194

Abb. 195

Abb. 196

Abb. 197

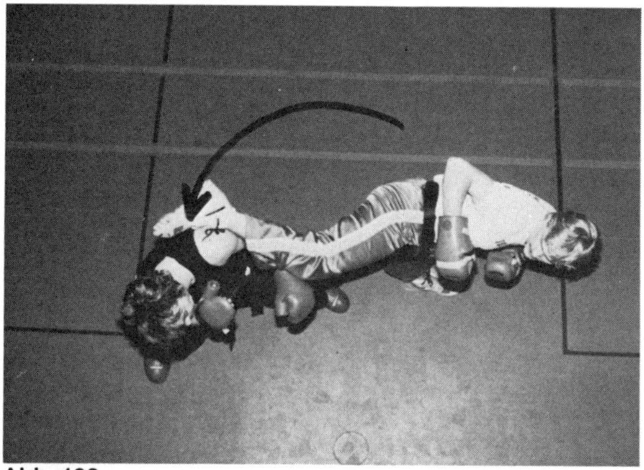
Abb. 198

Abb. 199

Abb. 200

2. Halbkreisbeinschlag nach innen zum Kopf des Gegners oder zu den Deckungsarmen. Der Gegner taucht weg oder pendelt nach hinten (Abb. 199). Durch den Schwung des Beinschlages werden wir herumgerissen, so daß wir dem Gegner den Rücken zudrehen. Das verlockt diesen natürlich zum Gegenangriff. Das muß man wissen und sich darauf einrichten. Siehe hier die Deckung. Die obere Hand übernimmt die Deckung des Kopfes, der rechte Arm schützt die Rückenpartie und hat hier den Faustestoß in den Rücken schon abgewehrt (Abb. 200).

Abb. 201

Jetzt können wir sofort mit Fersenbeinschlag rechts zu den Nieren, zum Rückgrat oder Hinterkopf nachfolgen (Abb. 201).

Abb. 202

Oder wir werfen den Körper nach rechts mit Rückfaustschlag rechts zum Kopf, wobei nun die linke Hand die Deckung übernimmt (Abb. 202).

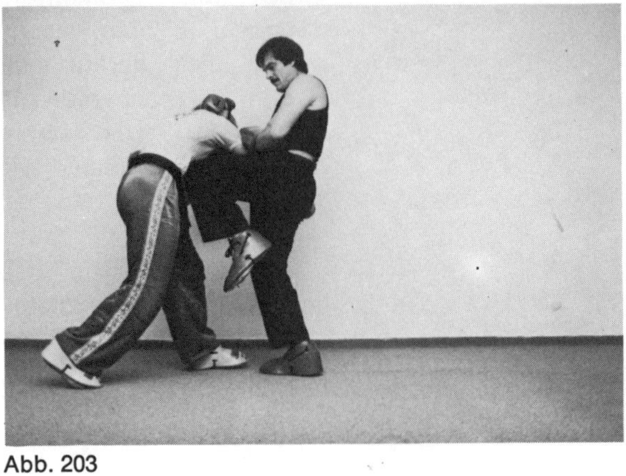

Abb. 203

Jetzt können wir links noch einen Kniestoß zu den kurzen Rippen folgen lassen (Abb. 203).

Wir können aber auch sofort weiterdrehen mit einem Fersenbeinschlag links (Abb. 204), oder einem Beinschlag mit senkrecht gehaltenem Fuß (linke Deckungshand mitnehmen!) zum Kopf, zum Rückgrat oder zu den Nieren (Abb. 205, 206).

Abb. 204

Abb. 205

Abb. 206

Abb. 207

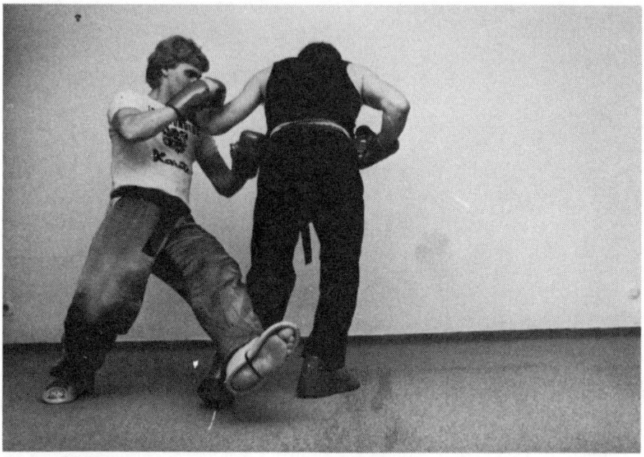
Abb. 208

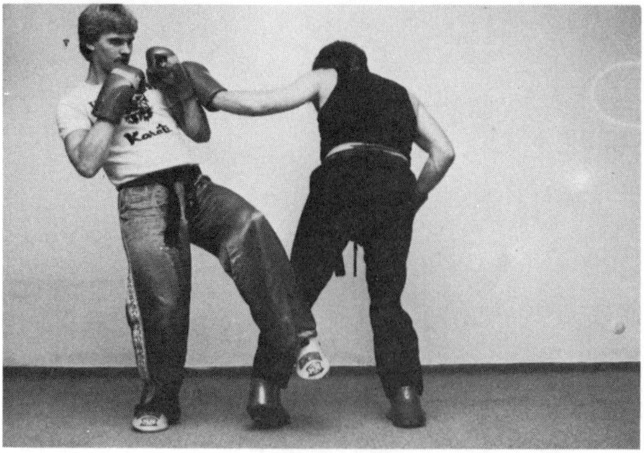
Abb. 209

Eine weitere Möglichkeit aus der Drehung des Körpers sofort eine weitere Technik folgen zu lassen, ist es, wenn wir aus der Drehung heraus den linken Fuß weit hinter den Gegner setzen und schon, bevor der Fuß aufsetzt, aus dieser Drehung heraus einen Rückfaustschlag zum Kopf ausführen (Abb. 207). Jetzt kann man sofort im Anschluß daran einen Beinwurf folgen lassen. Die linke Schlaghand drückt dabei gegen die Schulter des Gegners (Abb. 208). Wenn es dem Gegner gelingt, aus diesem Beinwurf auszusteigen (Abb. 209), drehen wir sofort weiter mit Fersenbeinschlag rückwärts (Abb. 210).

Abb. 210

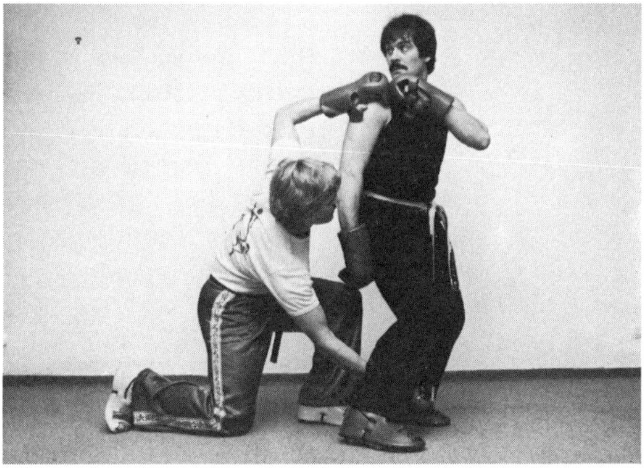

Abb. 211

Der Verteidiger könnte aus der 1. Position (Abb. 200) auch anders reagieren, als es der Angreifer erwartet; also nicht mit einem Fauststoß zu kontern versuchen, sondern mit einem Wurf, gefolgt von einem Hammerfaustschlag zur Leber (Abb. 211–213).

Abb. 212

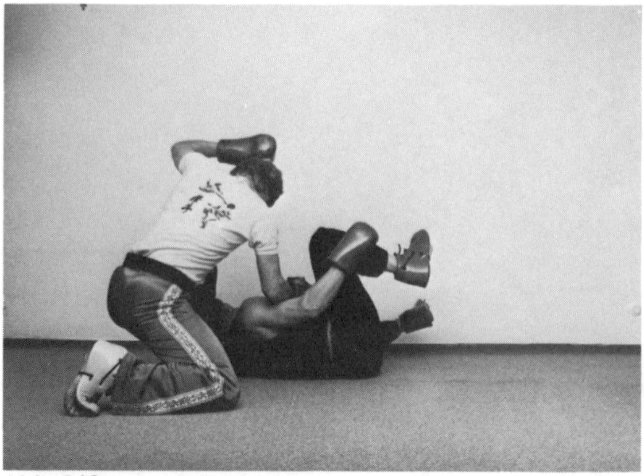

Abb. 213

Abb. 214

Abb. 215

3. Umgekehrt in der Reihenfolge ist die nächste Kombination: Hier beginnen wir mit einem Beinschlag mit senkrecht gehaltener Fußaußenkante gegen den Deckungsarm (Abb. 214–216), setzen den schlagenden Fuß nach außen gedreht hinter den Gegner ab und schlagen aus der Hüftdrehung das gestreckte Bein mit der Fußinnenkante zum Kopf, Rückgrat oder den Nieren (Abb. 217), oder wir machen einen Halbkreisfußtritt zum Genick oder Rücken (Abb. 218).

Abb. 216

Abb. 217

Abb. 218

4. Ähnlich auch die folgende Kombination: Täuschen mit Faustscoß zum Kopf (Abb. 219) und Beinschlag mit der Ferse hinter den Dekkungsarm (Abb. 220).

Abb. 219

Abb. 220

Einige harte Formen aus dem Thai-Boxen

Um ein realistischeres Karate zu betreiben, können wir auch nicht auf die überaus wirkungsvollen Knie- und Ellbogenstöße verzichten. Ich meine damit nicht unbedingt im sportlichen Wettkampf. Wir müssen einfach Formen finden, mit diesen Techniken frei zu arbeiten. Eine Möglichkeit sind dicke gepolsterte Knie- und Ellbogenschützer, mit denen man dann in Verbindung mit dem Kopfschutz ein freies Nahkampftraining mit Kontakt durchführen kann.
Vorher jedoch noch eine andere Spezialität aus dem Thai-Boxen: Die lähmenden Fußschläge: Von außen mit dem Fußrücken gegen den Oberschenkel (Die empfindliche Stelle kann man leicht an seinem eigenen Oberschenkel herausfinden) (Abb. 221); von innen gegen die Oberschenkelvertiefung über dem Knie (Abb. 222); von außen und hinten gegen den Wadenmuskelansatz (Abb. 223).

Abb. 221

Abb. 222

Abb. 223

Abb. 224

Abb. 225

Abb. 226

Hier aber nun einige Anwendungen von Knie- und Ellbogenstößen:

1. Anwendungsbeispiel
(Abb. 224–228)

Schritt rechts vorwärts mit Wegschlagen der Deckung nach innen (Abb. 224, 225), gefolgt von Ellbogenstoß links aus der Hüftdrehung zum Kopf (Abb. 226). Umfassen des Hinterkopfes links (Abb. 227) und Herabreißen auf Kniestoß links (Abb. 228).

Abb. 227

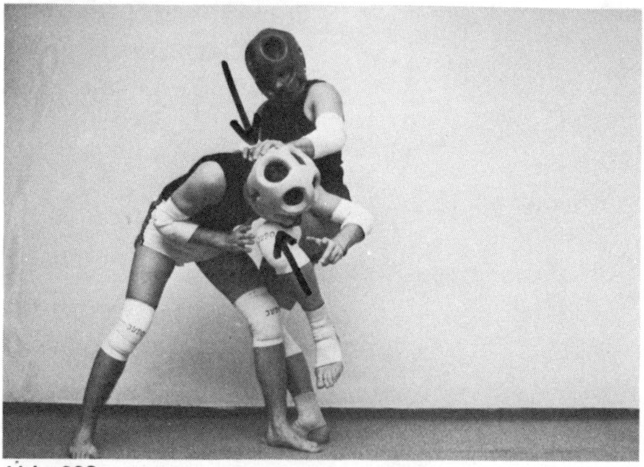
Abb. 228

Abb. 229

2. *Anwendungsbeispiel* (Abb. 229–233)

Hineingehen in rechte Gerade mit Block links (Abb. 229) und Ellbogenstoß rechts zum Kopf (Abb. 230), oder rechts Hinterkopf fassen (Abb. 231) und Kniestoß vorwärts zum Körper (Abb. 232), oder aufwärts zum Kopf (Abb. 233).

Abb. 230

Abb. 231

Abb. 232

Abb. 233

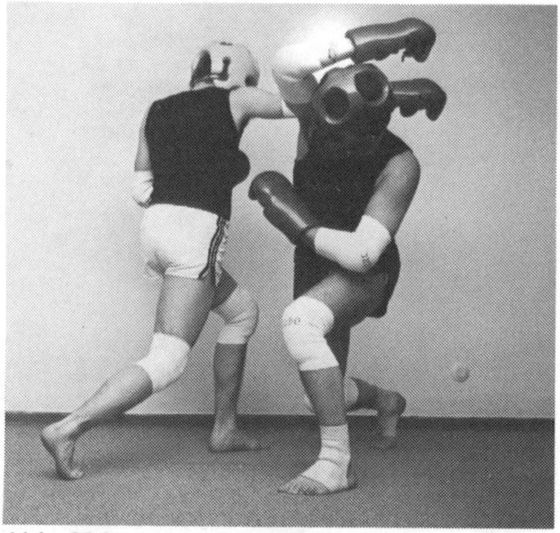

Abb. 234

Abb. 235

Abb. 236

3. Anwendungsbeispiel (Abb. 234–236)
Rechte Gerade nach links untertauchen und rechten Arm hochreißen dabei (Abb. 234). Anschließend Ellbogenstoß in Rücken (Abb. 235), gefolgt von Kniestoß rechts (Abb. 236). Die rechte Hand reißt dabei den Körper des Gegners auf den Kniestoß.

Stand Frühjahr 1986

Gesamt-Programm

Essen und Trinken

Kalte und warme Vorspeisen
einfach · herzhaft · raffiniert. (5045) Von K. Iden, 64 S., 43 Farbfotos, Pappband.
DM 12,80/S 99.–

Köstliche Suppen
für jede Tages- und Jahreszeit. (5122) Von E. Fuhrmann, 64 S., 38 Farbfotos, 2 Zeichnungen, Pappband.
DM 12,80/S 99.–

Kochen, was allen schmeckt
1700 Koch- und Backrezepte für jede Gelegenheit. (4098) Von A. und G. Eckert, 796 S., 60 Farbtafeln, Pappband. **DM 29,80**/S 239.–

Falken-Handbuch
Kochen nach allen Regeln der Kunst
Das moderne Grundkochbuch mit über 1000 Farbbildern. (4143) Von M. Gutta, 624 S., über 1000 farbige Abb., gebunden. **DM 78,–**/S 598.–

Brunos beste Rezepte
– rund ums Jahr (4154) Von B. Henrich, 136 S., 15 Farbfotos, kart.
DM 14,80/S 119.–

Was koche ich heute?
Neue Rezepte für Fix-Gerichte. (0608) Von A. Badelt-Vogt, 112 S., 16 Farbtafeln, kart. **DM 9,80**/S 79.–

Kochen für 1 Person
Rationell wirtschaften, abwechslungsreich und schmackhaft zubereiten. (0586) Von M. Nicolin, 136 S., 8 Farbtafeln, 23 Zeichnungen, kart.
DM 9,80/S 79.–

Gesunde Kost aus dem Römertopf
(0442) Von J. Kramer, 128 S., 8 Farbtafeln, 13 Zeichnungen, kart.
DM 8,80/S 74.–

Nudelgerichte
– lecker, locker, leicht zu kochen. (0466) Von C. Stephan, 80 S., 8 Farbtafeln, kart.
DM 7,80/S 69.–

Lieblingsrezepte
Phantasievoll zubereitet und originell dekoriert. (4234) Hrsg. P. Diller. 160 S., 120 Farbfotos, 34 Zeichnungen, Pappband. **DM 24,80**/S 198,–

Was Männer gerne essen
Leibgerichte
(2216) Von C. Arius, 80 S., 55 Farbabb., Pappband. **DM 9,80**/S 85,–

Omas Küche und unsere Küche heute
(4089) Von J. P. Lemcke, 160 S., 8 Farbtafeln, 95 Zeichnungen, Pappband.
DM 24,80/S 198.–

Die besten Eintöpfe und Aufläufe
Das Beste aus den Kochtöpfen der Welt (5079) Von A. und G. Eckert, 64 S., 50 Farbfotos, Pappband.
DM 12,80/S 99.–

Schnell und gut gekocht
Die tollsten Rezepte für den Schnellkochtopf. (0265) Von J. Ley, 96 S., 8 Farbtafeln, kart. **DM 7,80**/S 69.–

Kochen und backen im Heißluftherd
Vorteile, Gebrauchsanleitung, Rezepte. (0516) Von K. Kölner, 72 S., 8 Farbtafeln, kart. **DM 7,80**/S 69.–

Das neue Mikrowellen-Kochbuch
(0434) Von H. Neu, 64 S., 4 Farbtafeln, kart. **DM 6,80**/S 59.–

Ganz und gar mit Mikrowellen
(4094) Von T. Peters, 208 S., 24 Farbfotos, 12 Zeichnungen, kart.
DM 29,80/ S 239.–

Haltbar machen durch **Trocknen und Dörren**
Obst, Gemüse, Pilze, Kräuter (0696) Von M. Bustorf-Hirsch, 32 S., 42 Farbfotos, Spiralbindung.
DM 7,80/ S 69.–

Marmeladen, Gelees und Konfitüre
Köstlich wie zu Omas Zeiten – einfach selbstgemacht. (0720) Von M. Gutta, 32 S., 23 Farbfotos, 1 Zeichnung, Pappband. **DM 7,80**/S 69,–

Einkochen
nach allen Regeln der Kunst. (0405) Von B. Müller, 128 S., 8 Farbtafeln, kart.
DM 9,80/S 79.–

Einkochen, Einlegen, Einfrieren
Gesund, herzhaft. (4055) Von B. Müller, 27 s/w.-Abb., kart. **DM 14,80**/S 119.–

Das neue Fritieren
geruchlos, schmackhaft und gesund. (0365) Von P. Kühne, 96 S., 8 Farbtafeln, kart. **DM 7,80**/S 69.–

Weltmeister-Soßen
Die Krönung der feinen Küche. (0357) Von G. Cavestri, 96 S., 6 Farbfotos, viele Zeichnungen, kart. **DM 9,80**/S 79.–

Wildgerichte
einfach bis raffiniert. (5115) Von M. Gutta, 64 S., 43 Farbfotos, Pappband.
DM 14,80/S 119.–

Geflügel
Die besten Rezepte aus aller Welt. (5050) Von M. Gutta, 64 S., 32 Farbfotos, Pappband. **DM 12,80**/S 99.–

Mehr Freude und Erfolg beim **Grillen**
(4141) Von A. Berliner, 160 S., 147 Farbfotos, 10 farbige Zeichnungen, Pappband. **DM 24,80**/S 198.–

Grillen
Fleisch · Fisch · Beilagen · Soßen. (5001) Von E. Fuhrmann, 64 S., 38 Farbfotos, Pappband. **DM 12,80**/S 99.–

Chinesisch kochen
Schmackhafte Rezepte für die abwechslungsreiche Küche. (5011) Von A. und G. Eckert, 64 S., 57 Farbfotos, Pappband.
DM 12,80/S 99.–

Chinesisch kochen
mit dem Wok-Topf und dem Mongolen-Topf. (0557) Von C. Korn, 64 S., 8 Farbtafeln, kart. **DM 7,80**/S 69.–

Schlemmerreise durch die
Chinesische Küche
(4184) Von Kuo Huey Jen, 160 S., 117 Farbfotos, Pappband.
DM 24,80/S 198,–

Ostasiatische Küche
schmackhaft, bekömmlich und vielseitig. (5066) Von T. Sozuki, 64 S., 39 Farbfotos, Pappband. **DM 12,80**/S 99.–

Nordische Küche
Speisen und Getränke von der Küste. (5082) Von J. Kürtz, 64 S., 44 Farbfotos, Pappband. **DM 12,80**/S 99.–

Deutsche Küche
Schmackhafte Gerichte von der Nordsee bis zu den Alpen. (5025) Von E. Fuhrmann, 64 S., 52 Farbfotos, Pappband.
DM 12,80/S 99.–

Französisch kochen
Eine kulinarische Reise durch Frankreich. (5016) Von M. Gutta, 64 S., 35 Farbfotos, Pappband. **DM 14,80**/S 119.–

Französische Küche
(0685) Von M. Gutta, 96 S., 16 Farbtafeln, kart. **DM 12,80**/S 99.–

Französische Spezialitäten aus dem Backofen
Herzhafte Tartes und Quiches mit Fleisch, Fisch, Gemüse und Käse (5146) Von P. Klein, 64 S., 43 Farbfotos, Pappband. **DM 16,80**/139,–

Kochen und würzen mit **Knoblauch**
(0725) Von A. und G. Eckert, 96 S., 8 Farbtafeln, kart. **DM 7,80**/S 69,–

Schlemmerreise durch die
Italienische Küche
(4172) Von V. Pifferi. 160 S., 109 Farbfotos, Pappband. **DM 24,80**/S 198,–

Italienische Küche
Ein kulinarischer Streifzug mit regionalen Spezialitäten. (5026) Von M. Gutta, 64 S., 35 Farbfotos, Pappband.
DM 12,80/S 99.–

Portugiesische Küche und Weine
Kulinarische Reise durch Portugal. (0607) Von E. Kasten, 96 S., 16 Farbtafeln, kart. **DM 9,80**/S 79.–

Köstliche Pizzas, Toasts, Pasteten
Schmackhafte Gerichte schnell zubereitet. (5081) Von A. und G. Eckert, 64 S., 48 Farbfotos, Pappband.
DM 12,80/S 99.–

Köstliche Pilzgerichte
Rezepte für die meistvorkommenden Speisepilze. (5133) Von V. Spicker-Noack, M. Knoop, 64 S., 52 Farbfotos, Pappband. **DM 12,80**/S 99.–

Am Tisch zubereitet
Fondues, Raclettes, Flambieren. (4152) Von I. Otto, 208 S., 12 Farbtafeln, 17 s/w-Fotos, Pappband. **DM 24,80**/S 198.–

Köstliche Fondues
mit Fleisch, Geflügel, Fisch, Käse, Gemüse und Süßem. (5006) Von E. Exner, 64 S., 50 Farbfotos, Pappband.
DM 12,80/S 99.–

Fondues
und fritierte Leckerbissen. (0471) Von S. Stein, 96 S., 8 Farbtafeln, kart.
DM 6,80/S 59.–

Fondues · Raclettes · Flambiertes
(4081) Von R. Peiler und M.-L. Schult, 136 S., 15 Farbtafeln, 28 Zeichnungen, kart. **DM 14,80**/S 119.–

Neue, raffinierte Rezepte mit dem Raclette-Grill
(0558) Von L. Helger, 56 S., 8 Farbtafeln, kart. **DM 7,80**/S 69.–

Rezepte rund um Raclette und Hobby-Rechaud
(0420) Von J. W. Hochscheid, 72 S., 8 Farbtafeln, kart. **DM 7,80**/S 69.–

Kochen und würzen mit
Paprika
(0792) Von A. u. G. Eckert, 88 S., 8 Farbtafeln, kart. **DM 8,80**/S 74,–

Kleine Kalte Küche
für Alltag und Feste. (5097) Von A. und G. Eckert, 64 S., 45 Farbfotos, Pappband. **DM 12,80**/S 99.–

Kalte Platten
(4064) Von Maître P. Pfister, 240 S., 135 großformatige Farbfotos, gebunden.
DM 48,–/S 398.–

Kalte Platten – Kalte Büfetts
rustikal bis raffiniert. (5015) Von M. Gutta, 64 S., 34 Farbfotos, Pappband.
DM 14,80/S 119.–

Kalte Happen und Partysnacks
Canapés, Sandwiches, Pastetchen, Salate und Suppen. (5029) Von D. Peters, 64 S., 35 Farbfotos, Pappband.
DM 12,80/S 99.–

Garnieren und Verzieren
(4236) Von R. Biller, 160 S., 329 Farbfotos, 57 Farbzeichnungen, Pappband.
DM 24,80/S 198,–

Desserts
Puddings, Joghurts, Fruchtsalate, Eis, Gebäck, Getränke. (5020) Von M. Gutta, 64 S., 41 Farbfotos, Pappband.
DM 12,80/S 99.–

Süße Nachspeisen
(0601) Von P. Lohmann, 96 S., 8 Farbtafeln, 28 Zeichnungen, kart.
DM 8,80/S 74.–

Crêpes, Omeletts und Soufflés
Pikante und süße Spezialitäten. (5131) Von J. Rosenkranz, 64 S., 45 Farbfotos, Pappband. **DM 14,80**/S 119.–

Backen
(4113) Von M. Gutta, 240 S., 123 Farbfotos, Pappband. **DM 48,–**/S 398.–

Kuchen und Torten
Die besten und beliebtesten Rezepte. (5067) Von M. Sauerborn, 64 S., 79 Farbfotos, Pappband.
DM 12,80/S 99.–

Schönes Hobby Backen
Erprobte Rezepte mit modernen Backformen. (0451) Von E. Blome, 96 S., 8 Farbtafeln, kart. **DM 7,80**/S 69.–

Backen, was allen schmeckt
Kuchen, Torten, Gebäck und Brot. (4166) Von E. Blome, 556 S., 40 Farbtafeln, Pappband. **DM 24,80**/S 198,–

Meine Vollkornbackstube
Brot · Kuchen · Aufläufe. (0616) Von R. Raffelt, 96 S., 4 Farbtafeln, 4 s/w-Fotos, 8 Zeichnungen, kart. **DM 6,80**/S 59.–

Biologisch Backen
Neue Rezeptideen für Kuchen, Brote, Kleingebäck aus vollem Korn. (4174) Von M. Bustorf-Hirsch, 136 S., 15 Farbtafeln, 47 Zeichnungen, kart. **DM 14,80**/S 119,–

Selbst Brotbacken
Über 50 erprobte Rezepte. (0370) Von J. Schiermann, 80 S., 6 Zeichnungen, 4 Farbtafeln, kart. **DM 6,80**/S 59.–

Mehr Freude und Erfolg beim
Brotbacken
(4148) Von A. und G. Eckert, 160 S., 177 Farbfotos, Pappband.
DM 24,80/S 198,–

Brotspezialitäten
knusprig backen – herzhaft kochen. (5088) Von J. W. Hochscheid und L. Helger, 64 S., 48 Farbfotos, Pappband.
DM 12,80/S 99.–

Weihnachtsbäckerei
Köstliche Plätzchen, Stollen, Honigkuchen und Festtagstorten. (0682) Von M. Sauerborn, 32 S., 36 Farbfotos, Pappband. **DM 7,80**/S 69.–

Waffeln
süß und pikant. (0522) Von C. Stephan, 64 S., 8 Farbtafeln, kart.
DM 6,80/S 59.–

Kochen für Diabetiker
Gesund und schmackhaft für die ganze Familie. (4132) Von M. Toeller, W. Schumacher, A. C. Groote, 224 S., 109 Farbfotos, 94 Zeichnungen, Pappband. **DM 29,80**/S 239.–

Neue Rezepte für Diabetiker-Diät
Vollwertig – abwechslungsreich – kalorienarm. (0418) Von M. Oehlrich, 120 S., 8 Farbtafeln, kart. **DM 9,80**/S 79.–

Schlemmertips für Figurbewußte
(0680) Von V. Kahn, 64 S., 8 Farbtafeln, kart. **DM 9,80**/S 79.–

Wer schlank ist, lebt gesünder
Tips und Rezepte zum Schlankwerden und -bleiben. (0562) Von R. Mainer, 80 S., 8 Farbtafeln, kart.
DM 8,80/S 74.–

Kalorien – Joule
Eiweiß · Fett · Kohlenhydrate tabellarisch nach gebräuchlichen Mengen. (0374) Von M. Bormio, 88 S., kart.,
DM 5.80/49.–

Die 4444-Joule-Diät
Schlankessen mit Genuß. (0530) Von H. J. Fahrenkamp, 160 S., 8 Farbtafeln, kart., **DM 9,80**/S 79.–

Alles mit Joghurt
tagfrisch selbstgemacht. Mit vielen Rezepten. (0382) Von G. Volz, 88 S., 8 Farbtafeln, kart., **DM 7,80**/S 69.–

Die Brot-Diät
Ein Schlankheitsplan ohne Extreme. (0452) Von Prof. Dr. E. Menden und W. Aign, 92 S., 8 Farbtafeln, kart.,
DM 7,80/S 69.–

Gesund leben – schlank werden mit der
Bio-Kur
(0657) Von S. Winter, 144 S., 4 Farbtafeln, kart. **DM 9,80**/S 79,–

Miekes Kräuter- und Gewürzkochbuch
(0323) Von I. Persy und K. Mieke, 96 S., 8 Farbtafeln, kart. **DM 8,80**/S 74,–

Salate
(4119) Von C. Schönherr, 240 S., 115 Farbfotos, gebunden. **DM 48,–**/S 389.–

Delikate Salate
für alle Gelegenheiten rund um's Jahr. (5002) Von E. Fuhrmann, 64 S., 50 Farbfotos, Pappband. **DM 12,80**/S 99.–

Das köstliche knackige Schlemmervergnügen.
Salate
(4165) Von V. Müller, 160 S., 80 Farbfotos, Pappband. **DM 24,80**/S 198,–

111 köstliche Salate
Erprobte Rezepte mit Pfiff. (0222) Von C. Schönherr, 96 S., 8 Farbtafeln, 30 Zeichnungen, kart. **DM 8,80**/S 74.–

Rohkost
Schmackhafte Gerichte für die gesunde Ernährung. (5044) Von I. Gabriel, 64 S., 53 Farbfotos, Pappband.
DM 12.80/S 99.–

Joghurt, Quark, Käse und Butter
Schmackhaftes aus Milch hausgemacht. (0739) Von M. Bustorf-Hirsch, 32 S., 59 Farbabb., Pappband. **DM 7,80**/S 69,–

Die abwechslungsreiche Vollwertküche
Vitaminreich und naturbelassen kochen und backen. (4229) Von M. Bustorf-Hirsch, K. Siegel, 280 S., 31 Farbtafeln, 78 Zeichnungen, Pappband.
DM 36,–/ S 319,–

Alternativ essen
Die gesunde Sojaküche. (0553) Von U. Kolster, 112 S., 8 Farbtafeln, kart.
DM 9,80/S 79,–

Das Reformhaus-Kochbuch
Gesunde Ernährung mit hochwertigen Naturprodukten. (4180) Von A. u. G. Eckert, 160 S. 15 Farbtafeln, Pappband.
DM 24,80/S 198,–

Gesund kochen mit Keimen und Sprosen
(0794) Von M. Bustorf-Hirsch, 104 S., 8 Farbtafeln, 13 s/w-Zeichnungen, kart.
DM 8,80/S 74,–

Die feine Vegetarische Küche
(4235) Von F. Faist, 160 S., 191 Farbfotos, Pappband. **DM 24,80**/S 198,–

Biologische Ernährung
für eine natürliche und gesunde Lebensweise. (4125) Von G. Leibold, 136 S., 15 Farbtafeln, 47 Zeichnungen, kart.
DM 14,80/S 119.–

Gesunde Ernährung für mein Kind
(0776) Von M. Bustdorf-Hirsch, 96 S., 8 Farbtafeln, 5s/w Zeichnungen, kart.
DM 9,80/S 79,–

Vitaminreich und naturbelassen
Biologisch Kochen
(4162) Von M. Bustorf-Hirsch, und K. Siegel, 144 S., 15 Farbtafeln, 31 Zeichnungen, kart., **DM 14,80**/S 119.–

Gesund kochen
wasserarm · fettfrei · aromatisch. (4060) Von M. Gutta, 240 S., 16 Farbtafeln, Pappband. **DM 24,80**/S 198,–

Kräuter- und Heilpflanzen-Kochbuch
für eine gesunde Lebensweise. (4066) Von P. Pervenche, 143 S., 15 Farbtafeln. kart. **DM 14,80**/S 119,–

Pralinen und Konfekt
Kleine Köstlichkeiten selbstgemacht. (0731) Von H. Engelke, 32 S., 57 Farbfotos, Pappband. **DM 7,80**/S 69,–

Köstlichkeiten für Gäste und Feste
Kalte Platten
(4200) Von I. Pfliegner, 160 S., 130 Farbfotos, Pappband. **DM 24,80**/S 198,–

Kochen für Gäste
Köstliche Menüs mit Liebe zubereitet. (5149) Von R. Wesseler, 64 S., 40 Farbfotos, Pappband. **DM 14,80**/S 119,–

FALKEN VERLAG

Die Preise entsprechen dem Status beim Druck dieses

ocuse à la carte
ranzösisch kochen mit dem Meister.
4237) Von P. Bocuse, 88 S., 218 Farb-
otos, Pappband. **DM 16,80**/S 139,–
uch als Video-Kassette erhältlich
ochschule mit Paul Bocuse
5016/VHS, 6017/Video-2000,
018 Beta), 60 Min. in Farbe
M 69,–/S 619,–
unverb. Preisempfehlung)

Natursammlers Kochbuch
Wildfrüchte und Gemüse, Pilze, Kräuter – finden und zubereiten. (4040) Von C. M. Kerler, 140 S., 12 Farbtafeln, gebunden. **DM 19,80**/S 159,–

Neue Cocktails und Drinks
mit und ohne Alkohol. (0517) Von S. Späth, 128 S., 4 Farbtafeln, kart., **DM 9,80**/S 79.–

Mixgetränke
mit und ohne Alkohol (5017) Von C. Arius, 64 S., 35 Farbfotos, Pappband. **DM 12,80**/S 99.–

Cocktails und Mixereien
für häusliche Feste und Feiern. (0075) Von J. Walker, 96 S., 4 Farbtafeln, kart. **DM 6,80**/S 59.–

Die besten Punsche, Grogs und Bowlen
(0575) Von F. Dingden, 64 S., 2 Farbtafeln, kart. **DM 6,80**/S 59.–

Weine und Säfte, Liköre und Sekt
selbstgemacht. (0702) Von P. Arauner, 232 S., 76 Abb., kart. **DM 16,80**/S 139,–

Mitbringsel aus meiner Küche
selbst gemacht und liebevoll verpackt. (0668) Von C. Schönherr, 32 S., 30 Farbfotos, Pappband. **DM 7,80**/S 69,–

Weinlexikon
Wissenswertes über die Weine der Welt. (4149) Von U. Keller, 228 S., 6 Farbtafeln, 395 s/w-Fotos, Pappband. **DM 29,80**/S 239.–

Köstliches Lebenselixier **Wein**
(2204) Von H. Steffan, 80 S., 73 Farbfotos, Pappband. **DM 9,80**/S 85.–

Von der Romantik der blauen Stunde
Cocktails und Drinks
(2209) Von S. Späth, 80 S., 25 Farbfotos und Zeichnungen, Pappband. **DM 9,80**/S 85,–

Vom Genuß des braunen Goldes **Kaffee**
(2213) Von H. Strutzmann. 80 S., 49 Fotos, Pappband. **DM 9,80**/S 85,–

Heißgeliebter Tee
Sorten, Rezepte und Geschichten. (4114) Von C. Maronde, 153 S., 16 Farbtafeln, 93 Zeichnungen, gebunden. **DM 24,80**/S 198.–

Tee für Genießer.
Sorten · Riten · Rezepte. (0356) Von M. Nicolin, 64 S., 4 Farbtafeln, kart. **DM 5,80**/S 49.–

Tee
Herkunft · Mischungen · Rezepte. (0515) Von S. Ruske, 96 S., 4 Farbtafeln, 16 s/w Abbildungen, Pappband. **DM 9,80**/S 79.–

Vom höchsten Genuß des Teetrinkens
(2201) Von I. Ubenauf, 80 S., 57 Farbfotos, Pappband. **DM 9,80**/S 85.–

Kinder lernen spielend backen
(5110) Von M. Gutta, 64 S., 45 Farbfotos, Pappband. **DM 12,80**/S 99,–

Kinder lernen spielend kochen
Lieblingsgerichte mit viel Spaß selbst zubereitet. (5096) Von M. Gutta, 64 S., 45 Farbfotos, Pappband, **DM 12,80**/S 99,–

Hobby

Aquarellmalerei
als Kunst und Hobby. (4147) Von H. Haack und B. Wersche, 136 S., 62 Farbfotos, 119 Zeichnungen, gebunden **DM 39,–**/S 319,–

Aquarellmalerei
Materialien · Techniken · Motive. (5099) Von Th. Hinz, 64 S., 79 Farbfotos, Pappband. **DM 12,80**/S 99,–

Hobby Origami
Papierfalten für groß und klein. (0756) Von Z. Aytüre-Scheele, 88 S., über 800 Farbfotos, kart. **DM 19,80**/S 159,–

Origami –
Die Kunst des Papierfaltens. (0280) Von R. Harbin, 160 S., 633 Zeichnungen, kart. **DM 9,80**/S 79,–

Weihnachtsbasteleien
(0667) Von M. Kühnle und S. Beck, 32 S., 56 Farbfotos, 6 Zeichnungen, Pappband. **DM 7,80**/S 69,–

Falken-Handbuch
Zeichnen und Malen
(4167) Von B. Bagnall, 336 S., 1154 Farbabb., Pappband. **DM 68,–**/S 549,–

Naive Malerei
Materialien · Motive · Techniken (5083) Von F. Krettek, 64 S., 76 Farbfotos, Pappband. **DM 12,80**/S 99,–

Bauernmalerei
als Kunst und Hobby. (4057) Von A. Gast und H. Stegmüller, 128 S., 239 Farbfotos, 26 Riß-Zeichnungen, gebunden. **DM 39,–**/S 319,–

Hobby Bauernmalerei
(0436) Von S. Ramos und J. Roszak, 80 S., 116 Farbfotos und 28 Motivvorlagen, kart. **DM 19,80**/S 159,–

Bauernmalerei
Kreatives Hobby nach alter Volkskunst (5039) Von S. Ramos, 64 S., 85 Farbfotos, Pappband. **DM 12,80**/S 99,–

Glasmalerei
als Kunst und Hobby. (4088) Von F. Krettek und S. Beeh-Lustenberger, 132 S., 182 Farbfotos, 38 Motivvorlagen, gebunden. **DM 39,–**/S 319,–

Naive Hinterglasmalerei
Materialien · Techniken · Bildvorlagen (5145) Von F. Krettek, 64 S., 87 Farbfotos, 6 Zeichnungen, Pappband. **DM 16,80**/S 139,–

Glasritzen
Materialien · Formen · Motive. (5109) Von G. Mégroz, 64 S., 110 Farbfotos, 15 Zeichnungen, Pappband. **DM 14,80**/S 119,–

Kunstvolle Seidenmalerei
Mit zauberhaften Ideen zum Nachgestalten. (0783) Von I. Demharter, 32 S., 56 Farbfotos, kart. **DM 7,80**/S 74,–

Zauberhafte Seidenmalerei
Materialien · Techniken · Gestaltungsvorschläge. (0664) Von E. Dorn, 32 S., 62 Farbfotos, Pappband. **DM 7,80**/S 69,–

Hobby Seidenmalerei
(0611) Von R. Henge, 88 S., 106 Farbfotos, 28 Zeichnungen, kart. **DM 19,80**/S 159,–

Hobby Stoffdruck und Stoffmalerei
(0555) Von A. Ursin, 80 S., 68 Farbfotos, 68 Zeichnungen, kart. **DM 19,80**/S 159,–

Stoffmalerei und Stoffdruck
Materialien · Techniken · Ideen · Modelle (5074) Von H. Gehring, 64 S., 110 Farbfotos, Pappband. **DM 12,80**/S 99,–

Batik
leicht gemacht. Materialien · Färbetechniken · Gestaltungsideen. (5112) Von A. Gast, 64 S., 105 Farbfotos, Pappband. **DM 12,80**/ S 99,–

Textilfärben
Färben so einfach wie Waschen. (0693) Von W. Siegrist, P. Schärli, 32 S., 47 Farbfotos, 3 Zeichnungen, Spiralbindung. **DM 12,80**/S 99,–

Schöne Geschenke selbermachen
(4128) Von M. Kühnle, 128 S., 278 Farbfotos, 85 farbige Zeichnungen, gebunden. **DM 39,–**/S 319,–

Flechten
mit Bast, Stroh und Peddigrohr. (5098) Von H. Hangleiter, 64 S., 47 Farbfotos, 76 Zeichnungen, Pappband. **DM 12,80**/S 99,–

Makramee
Knüpfarbeiten leicht gemacht. (5075) Von B. Pröttel, 64 S., 95 Farbfotos, Pappband. **DM 12,80**/S 99,–

Häkeln und Makramee
Techniken · Geräte · Arbeitsmuster. (0320) Von M. Stradal, 104 S., 191 Abb. und Schemata, kart. **DM 6,80**/S 59,–

FALKEN VERLAG

Häkeln
Schritt für Schritt für Rechts- und Linkshänder. (5134) Von H. Klaus, 64 S., 120 Farbfotos, 144 Zeichnungen, Pappband. **DM 14,80**/S 119,–

Klöppeln
Schritt für Schritt leicht gelernt. (0788) Von U. Seiffer, 32 S., 42 Farb-, 1 s/w-u. 25 2-3-farbige Fotos, mit Klöppelbriefen, Pappband. **DM 9,80**/S 79,–

Sticken
Schritt für Schritt für Rechts- und Linkshänder. (5135) Von U. Werner, 64 S., 196 Farbfotos, 96 Zeichnungen, Pappband. **DM 14,80**/S 119,–

Monogrammstickerei
Mit Vorlagen für Initialen, Vignetten und Ornamente. (5148) Von H. Fuchs, 64 S., 50 Farbfotos, 50 Zeichnungen, Pappband. **DM 14,80**/S 119,–

Falken-Handbuch **Stricken**
ABC der Stricktechniken und Strickmuster in ausführlichen Schritt-für-Schritt-Bildfolgen. (4137) Von M. Natter, 312 S., 106 Farb- und 922 s/w-Fotos, 318 Zeichnungen, Pappband.
DM 29,80/S 239,–

Bestrickend schöne Ideen
Pullover, Westen, Ensembles, Jacken
(4178) Von R. Weber, 208 S., 220 Farbfotos, 358 Zeichnungen, Pappband.
DM 29,80/S 239,–

Chic in Strick
Neue Pullover
Westen · Jacken · Kleider · Ensembles. (4224) Hrsg. R. Weber, 192 S., 255 Farbabb., Pappband. **DM 29,80**/S 239,–

Stricken
Schritt für Schritt für Rechts- und Linkshänder. (5142) Von S. Oelwein-Schefczik, 64 S., 148 Farbfotos, 173 Zeichnungen, Pappband. **DM 14,80**/S 119,–

Kuscheltiere stricken und häkeln
Arbeitsanleitungen und Modelle. (0734) Von B. Wehrle, 32 S., 60 Farbfotos, 28 Zeichnungen, Spiralbindung.
DM 7,80/S 69,–

Hobby Patchwork und Quilten
(0768) Von B. Staub-Wachsmuth, 80 S., 108 Farbabb., 43 Zeichnungen, kart.
DM 19,80/S 159,–

Textiles Gestalten
Weben, Knüpfen, Batiken, Sticken, Objekte und Strukturen. (5123) Von J. Fricke, 136 S., 67 Farb- und 189 s/w-Fotos, 15 Zeichnungen, kart.
DM 16,80/S 139,–

Gestalten mit Glasperlen
fädeln · sticken · weben (0640) Von A. Köhler, 32 S., 55 Farbfotos, Spiralbindung. **DM 6,80**/S 59,–

Neue zauberhafte Salzteig-Ideen
(0719) Von I. Kiskalt, 80. S., 320 Farbfotos, 12 Zeichnungen, kart.
DM 19,80/S 159,–

Hobby Salzteig
(0662) Von I. Kiskalt, 80 S., 150 Farbfotos, 5 Zeichnungen, Schablonen, kart.
DM 19,80/S 159,–

Gestalten mit Salzteig
formen · bemalen · lackieren. (0613) Von W.-U. Cropp, 32 S., 56 Farbfotos, 17 Zeichnungen, Pappband.
DM 7,80/S 69,–

Buntbemalte Kunstwerke aus Salzteig
Figuren, Landschaften und Wandbilder. (5141) Von G. Belli, 64 S., 165 Farbfotos, 1 Zeichnung, Pappband.
DM 12,80/S 99,–

Kreatives Gestalten mit Salzteig
Originelle Motive für Fortgeschrittene. (0769) Hrsg. I. Kiskalt, 80 S., 168 Farbfotos, kart. **DM 19,80**/S 159,–

Videokassette Salzteig
(6010/VHS, 6011/Video 2000, (6012/Beta) Von I. Kiskalt, Dr. A. Teuchert, in Farbe, ca. 35 Min. **DM 68,–**/ S 612,– Unverb. Preisempfehlung

Tiffany-Spiegel selbermachen
Materialien · Arbeitsanleitung · Vorlagen. (0761) Von R. Thomas, 32 S., 53 Farbfotos, Pappband. **DM 7,80**/S 69,–

Tiffany-Lampen selbermachen
Arbeitsanleitung · Materialien · Modelle. (0684) Von I. Spliethoff, 32 S., 60 Farbfotos, Pappband. **DM 7,80**/S 69,–

Hobby Glaskunst in Tiffany-Technik
(0781) Von N. Köppel, 80 S., 194 Farbfotos, 6 s/w-Abb., kart.,
DM 19,80/S 159,–

Kerzen und Wachsbilder
gießen · modellieren · bemalen. (5108) Von Ch. Riess, 64 S., 110 Farbfotos, Pappband. **DM 12,80**/S 99,–

Hobby Holzschnitzen
Von der Astholzfigur zur Vollplastik. (5101) Von H.-D. Wilden, 112 S., 16 Farbtafeln, 135 s/w-Fotos, kart.
DM 16,80/S 139,–

Bastelspaß mit der Laubsäge
Mit Schnittmusterbogen für viele Modelle in Originalgröße. (0741) Von L. Giesche, M. Bausch, 32 S., 61 Farbfotos, 7 Zeichnungen, Schnittmusterbogen, Pappband.
DM 9,80/S 79,–

Falken-Heimwerker-Praxis
Tapezieren
(0743) Von W. Nitschke, 112 S., 186 Farbfotos, 9 Zeichnungen, kart.
DM 19,80/S 159,–

Falken-Handbuch **Heimwerken**
Reparieren und selbermachen in Haus und Wohnung – über 1100 Farbfotos. Sonderteil: Praktisches Energiesparen. (4117) Von Th. Pochert, 440 S., 1103 Farbfotos, 100 ein- und zweifarbige Abb., gebunden. **DM 49,–**/S 398,–

Restaurieren von Möbeln
Stilkunde, Materialien, Techniken, Arbeitsanleitungen in Bildfolgen. (4120) Von E. Schnaus-Lorey, 152 S., 464 Zeichnungen, s/w-und Farbfotos, gebunden. **DM 39,–**/ S 319,–

Möbel aufarbeiten, reparieren und pflegen
(0386) Von E. Schnaus-Lorey, 96 S., 28 Fotos und 101 Zeichnungen, kart., **DM 9,80**/S 79,–

Vogelhäuschen, Nistkästen, Vogeltränken mit Plänen und Anleitungen zum Selbstbau. (0695) Von J. Zech, 32 S., 42 Farbfotos, 5 Zeichnungen, Pappband. **DM 7,80**/S 69,–

Papiermachen
ein neues Hobby. (5105) Von R. Weidenmüller, 64 S., 84 Farbfotos, 9 s/w-Fotos 14 Zeichnungen, Pappband.
DM 16,80/S 139,–

Schmuck und Objekte aus Metall und Email
(5078) Von J. Fricke, 120 S., 183 Abb., kart. **DM 16,80**/S 139,–

Strohschmuck selbstgebastelt
Sterne, Figuren und andere Dekoratione (0740) Von E. Rombach, 32 S., 60 Farbfotos, 17 Zeichnungen, Pappband.
DM 7,80/S 69,–

Das Herbarium
Pflanzen sammeln, bestimmen und pressen. (5113) Von I. Gabriel, 96 S., 140 Farbfotos, Pappband.
DM 16,80/S 139,–

Gestalten mit Naturmaterialien
Zweige, Kerne, Federn, Muscheln und anderes. (5128) Von I. Krohn, 64 S., 101 Farbfotos, 11 farbige Zeichnungen, Pappband. **DM 14,80**/S 119,–

Dauergestecke
mit Zweigen, Trocken- und Schnittblumen (5121) Von G. Vocke, 64 S., 57 Farbfotos Pappband. **DM 14,80**/S 119,–

Ikebana
Einführung in die japanische Kunst des Blumensteckens. (0548) Von G. Vocke, 152 S., 47 Farbfotos, kart.
DM 19,80/S 159,–

Blumengestecke im Ikebanastil
(5041) Von G. Vocke, 64 S., 37 Farbfotos, viele Zeichnungen, Pappband.
DM 14,80/S 119,–

Hobby Trockenblumen
Gewürzsträuße, Gestecke, Kränze, Buketts. (0643) Von R. Strobel-Schulze, 88 S., 170 Farbfotos, kart.
DM 19,80/S 159,–

Hobby Gewürzsträuße
und zauberhafte Gebinde nach Salzburger Art. (0726) Von A. Ott, 80 S., 101 Farbfotos, 51 farbige Zeichnungen, kart. **DM 19,80**/S 159,–

Trockenblumen und Gewürzsträuße
(5084) Von G. Vocke, 64 S., 63 Farbfotos, Pappband. **DM 12,80**/S 99,–

Arbeiten mit Ton
Töpfern mit und ohne Scheibe. (5048) Von J. Fricke, 128 S., 15 Farbtafeln, 166 s/w-Fotos, kart.
DM 14,80/S 119,–

Töpfern
als Kunst und Hobby. (4073) Von J. Fricke, 132 S., 37 Farbfotos, 222 s/w-Fotos, gebunden. **DM 39,–**/S 319,–

Schöne Sachen modellieren
Originelles aus Cernit – ideenreich gestaltet. (0762) Von G. Thelen, 32 S., 105 Farbfotos, Pappband.
DM 7,80/S 69,–

Modellieren
mit selbsthärtendem Material. (5085) Von K. Reinhardt, 64 S., 93 Farbfotos, Pappband. **DM 12,80**/S 99,–

Die Preise entsprechen dem Status beim Druck diese

ormen mit Backton
öpfern ohne Brennofen. (0612) Von
. Köhler, 32 S., 51 Farbfotos, Spiral-
indung. **DM 7,80**/S 69,–

eramik kreativ gestalten
5072) Von E. Stark, 64 S., 117 Farb-
otos, 2 Zeichnungen, Pappband.
M 12,80/S 99,–

ormen gießen und bemalen
0639) Von H. Berger, 32 S., 46 Farb-
otos, Spiralbindung. **DM 6,80**/S 59.–

orzellanpuppen
auberhafte alte Puppen selbst nach-
ilden. (5138) Von C. Ann und D. Stanton,
4 S., 58 Farbfotos, 22 Zeichnungen,
appband. **DM 16,80**/S 139.–

Marionetten
ntwerfen · gestalten · führen (5118) Von
. Krause und A. Bayer, 64 S., 83 Farb-
fotos, 2 s/w-Fotos, 40 Zeichnungen,
appband. **DM 14,80**/S 119,–

Hobby Puppen
Bezaubernde Modelle selbst gestalten.
0742) Von B. Wenzelburger, 88 S.,
163 Farbfotos, 41 Zeichnungen,
11 Schnittmuster, kart.
DM 19,80/S 159,–

Puppen und Figuren aus Kunst-porzellan
gießen, bemalen und gestalten. (0735)
Von G. Baumgarten, 32 S., 86 Farbfotos,
Pappband. **DM 9,80**/ S 79,–

Die liebenswerte Welt der **Puppen**
(2212) Von U. D. Damrau, 80 S., 60 Farb-
fotos, Pappband. **DM 9,80**/S 85,–

Selbstgestrickte Puppen
Materialien und Arbeitsanleitungen.
(0638) Von B. Wehrle, 32 S., 23 Farb-
fotos, 24 Zeichnungen, Spiralbindung.
DM 7,80/S 69,–

Dekorative Rupfenpuppen
Arbeitsanleitungen und Gestaltungsvor-
schläge. (0733) Von B. Wenzelburger,
32 S., 57 Farbfotos, 14 Zeichnungen,
Spiralbindung. **DM 7,80**/S 69,–

Schritt für Schritt zum Scheren-schnitt
Materialien · Techniken · Gestaltungsvor-
schläge. (0732) Von H. Klingmüller,
32 S., 38 Farbfotos, 34 Vorlagen, Spiral-
bindung. **DM 7,80**/S 69,–

Garagentore selbst bemalt
Techniken und Motive. (0786) Von
H. u. Y. Nadolny, 32 S., 34 Farbfotos,
12 s/w-Zeichnungen, Pappband.
DM 9,80/S 79,–

Freizeit

Aktfotografie
Interpretationen zu einem unerschöpf-
lichen Thema.
Gestaltung · Technik · Spezialeffekte.
(0737) Von H. Wedewardt, 88 S.,
144 Farb- und 6 s/w-Fotos, 6 Zeich-
nungen, kart. **DM 19,80**/S 159,–

Videokassette Aktfotografie
Laufzeit ca. 60 Min. In Farbe.
VHS (6001), Video 2000 (6002),
Beta (6003) **DM 98,–**/S 882,–
(unverb. Preisempfehlung)

So macht man bessere Fotos
Das meistverkaufte Fotobuch der Welt.
(0614) Von M. L. Taylor, 192 S., 457 Farb-
fotos, 15 Abb., kart. **DM 14,80**/S 119,–

Falken-Handbuch
Dunkelkammerpraxis
Laboreinrichtung · Arbeitsabläufe ·
Fehlerkatalog. (4140) Von Eugen Pauli,
200 S., 54 Farbfotos, 239 s/w-Fotos,
171 Zeichnungen, Pappband.
DM 39,–/S 319,–

Falken-Handbuch **Trickfilmen**
Flach-, Sach- und Zeichentrickfilme – von
der Idee zur Ausführung. (4131) Von
H.-D. Wilden, 144 S., über 430 überwie-
gend farbige Abb., Pappband.
DM 39,–/S 319,–

Moderne Schmalfilmpraxis
Ausrüstungen · Drehbuch · Aufnahme
Schnitt · Vertonung. (4043) Von U. Ney,
328 S., 29 Farbfotos, 177 s/w-Fotos,
57 Zeichnungen, gebunden.
DM 29,80/S 239,–

Schmalfilmen
Ausrüstung · Aufnahmepraxis · Schnitt
Ton. (0342) Von U. Ney, 108 S., 4 Farb-
tafeln, 25 s/w-Fotos, kart.
DM 9,80/S 79,–

Schmalfilme selbst vertonen
(0593) Von U. Ney, 96 S., 57 s/w-Fotos,
14 Zeichnungen, kart. **DM 9,80**/S 79,–

Falken-Handbuch **Videofilmen**
Systeme, Kameras, Aufnahme, Ton und
Schnitt. (4093) Von P. Lanzendorf,
288 S., 8 Farbtafeln, 165 s/w-Fotos,
25 Zeichnungen, gebunden.
DM 36,–/S 298,–

Fotografie – Das Schöne als Ziel
Zur Ästhetik und Psychologie der visuel-
len Wahrnehmung. (4122) Von E. Stark,
208 S., 252 Farbfotos, 63 Zeichnungen,
Ganzleinen. **DM 78,–**/S 624,–

Freude am Fotografieren
Die neue praktische Fotoschule mit über
500 Farbfotos. (4127) Von der Fach-
redaktion Kodak, 312 S., 536 Farbfotos,
90 s/w-Fotos, 13 Zeichnungen,
Pappband. **DM 48,–**/S 398,–

Ferngelenkte Motorflugmodelle
bauen und fliegen. (0400) Von W. Thies,
184 S., mit Zeichnungen und Detail-
plänen, kart. **DM 16,80**/S 139,–

Modellflug-Lexikon
(0549) Von W. Thies, 280 S.,
98 s/w-Fotos, 234 Zeichnungen,
Pappband. **DM 36,–**/S 298,–

Flugmodelle
bauen und einfliegen. (0361) Von W.
Thies und Willi Rolf, 160 S., 63 Abb.,
7 Faltpläne, kart. **DM 12,80**/S 99,–

CB-Code
Wörterbuch und Technik. (0435) Von
R. Kerler, 120 S., mit technischen Abb.,
kart. **DM 9,80**/S 79,–

Kleine Welt auf Rädern
Das faszinierende Spiel mit **Modelleisen-bahnen** (4175) Von F. Eisen, 256 S.,
72 Farb- und 180 s/w-Fotos, 25 Zeich-
nungen, Pappband. **DM 29,80**/S 239,–

Modelleisenbahnen im Freien
Mit Volldampf durch den Garten. (4245)
Von F. Eisen, 96 S., 115 Farb-, 4 s/w-
Fotos, 5 Zeichnungen, Pappband.
DM 29,80/S 239,–

Raketen auf Rädern
Autos und Motorräder an der Schall-
grenze. (4220) Von H. G. Isenberg, 96 S.,
112 großformatige Farbfotos, 21 s/w-
Fotos, Pappband. **DM 24,80**/S 198,–

Die rasantesten Rallyes der Welt
(4213) Von H. G. Isenberg und D.
Maxeiner, 96 S., 116 großformatige Farb-
fotos, Pappband. **DM 24,80**/S 198,–

Die schnellsten Autos der Welt
(4201) Von H. G. Isenberg und D.
Maxeiner, 96 S., 110 meist vierfarbige
Abb., Pappband. **DM 24,80**/S 198,–

Trucks
Giganten der Landstraßen in aller Welt.
(4222) Von H. G. Isenberg, 96 S.,
131 Farbfotos, Pappband.
DM 24,80/S 198,–

Ferngelenkte Elektromodelle
bauen und fliegen. (0700) Von W. Thies,
144 S., 52 s/w-Fotos, 50 Zeichnungen,
kart. **DM 16,80**/139.–

Schiffsmodelle
selber bauen. (0500) Von D. und R. Loch-
ner, 200 S., 93 Zeichnungen, 2 Faltpläne,
kart. **DM 14,80**/S 119,–

Dampflokomotiven
(4204) Von W. Jopp, 96 S., 134 groß-
formatige Farbfotos, Pappband.
DM 24,80/S 198,–

Zivilflugzeuge
Vom Kleinflugzeug zum Überschall-Jet.
(4218) Von R. J. Höhn und H. G.
Isenberg, 96 S., 115 großformatige Farb-
fotos, Pappband. **DM 24,80**/S 198,–

Ferngelenkte Segelflugmodelle
bauen und fliegen. (0446) Von W. Thies,
176 S., 22 s/w-Fotos, 115 Zeichnungen,
kart. **DM 14,80**/S 119,–

Die schnellsten Motorräder der Welt
(4206) Von H. G. Isenberg und D.
Maxeiner, 96 S., 100 großformatige
Farbfotos, Pappband. **DM 24,80**/S 198,–

Motorrad-Hits
Chopper, Tribikes, Heiße Öfen. (4221)
Von H. G. Isenberg, 96 S., 119 Farbfotos,
Pappband. **DM 24,80**/S 198,–

Die Super-Motorräder der Welt
(4193) Von H. G. Isenberg, 192 S.,
170 Farb- und 100 s/w-Fotos, Pappband.
DM 39,–/S 319,–

Motorrad-Faszination
Heiße Öfen, von denen jeder träumt. (4223) Von H. G. Isenberg, 96 S., 103 Farb- und 20 s/w-Fotos, Pappband. **DM 24,80**/S 198,–

Autos, die die Welt bewegten
Oldtimer
(2217) Von H. G. Isenberg, 80 S., 32 Farb- und 22 s/w-Fotos, Pappband. **DM 9,80**/S 85,–

Münzen
Ein Brevier für Sammler. (0353) Von E. Dehnke, 128 S., 4 Farbtafeln, 17 s/w-Abb., kart. **DM 9,80**/S 79.–

Astronomie als Hobby
Sternbilder und Planeten erkennen und benennen. (0572) Von D. Block, 176 S., 16 Farbtafeln, 49 s/w-Fotos, 93 Zeichnungen, kart. **DM 14.80**/S 119.–

Der Bart
Die individuelle Note des Mannes. (2222) Von H. Strutzmann, 80 S., 58 Farbfotos, Pappband. **DM 9,80**/S 85,–

Gitarre spielen
Ein Grundkurs für den Selbstunterricht. (0534) Von A. Roßmann, 96 S., 1 Schallfolie, 150 Zeichnungen, kart. **DM 24,80**/S 198.–

Falken-Handbuch **Zaubern**
Über 400 verblüffende Tricks. (4063) Von F. Stutz, 368 S., 1200 Zeichnungen, geb. **DM 29,80**/S 239.–

Zaubern
einfach – aber verblüffend. (2018) Von D. Buoch, 84 S., 41 Zeichnungen, kart. **DM 6,80**/S 59.–

Zaubertricks
Das große Buch der Magie. (0282) Von J. Zmeck, 244 S., 113 Abb., kart. **DM 14,80**/S 119.–

Magische Zaubereien
(0672) Von W. Widenmann, 64 S., 31 Zeichnungen, kart. **DM 7,80**/S 69.–

Pfeife rauchen
Die hohe Kunst, Tabak zu genießen. (2203) Von W. Hufnagel, 80 S., 77 Farbfotos, 4 s/w-Fotos, 11 Zeichnungen, Pappband. **DM 9,80**/S 85.–

Mit vollem Genuß **Pfeife rauchen**
Alles über Tabaksorten, Pfeifen und Zubehör. (4227) Von H. Behrens, H. Frickert, 168 S., 127 Farbfotos, 18 Zeichnungen, Pappband. **DM 39,–**/S 319,–

Mineralien, Steine und Fossilien
Grundkenntnisse für Hobby-Sammler. (0437) Von D. Stobbe, 96 S., 16 Farbtafeln, 14 s/w-Fotos, 10 Zeichnungen, kart. **DM 9,80**/S 79.–

Vom verführerischen Feuer der
Edelsteine
(2221) Von H. A. Mehler, M. Klotz, 80 S., 46 Farbfotos, Pappband. **DM 9,80**/S 85,–

Freizeit mit dem Mikroskop
(0291) Von M. Deckart, 132 S., 69 s/w-Fotos, 4 Zeichnungen, kart. **DM 9,80**/S 79.–

Briefmarken
sammeln für Anfänger. (0481) Von D. Stein, 120 S., 4 Farbtafeln, 98 s/w-Abb., kart. **DM 7,80**/S 69.–

Wir lernen tanzen
Standard- und lateinamerikanische Tänze. (0200) Von E. Fern, 168 S., 118 s/w-Fotos, 47 Zeichnungen, kart. **DM 9,80**/S 79,–

Tanzstunde
Das Welttanzprogramm · Party-Tanzstunde. (5018) Von G. Hädrich, 172 S., 443 s/w-Fotos, 140 Zeichnungen, Pappband. **DM 19.80**/S 159,–

So tanzt man Rock'n'Roll
Grundschritte · Figuren · Akrobatik. (0573) Von W. Steuer und G. Marz, 224 S., 303 Abb., kart. **DM 16,80**/ S 139,–

Disco-Tänze
(0491) Von B. und F. Weber, 104 S., 104 Abb., kart. **DM 6,80**/S 59,–

Tanzen überall
Discofox, Rock'n'Roll, Blues, Langsamer Walzer, Cha-Cha-Cha zum Selberlernen. (0760) Von H. M. Pritzer, 112 S., 128 Farbfotos, kart. **DM 19,80**/S 159,–

Videokassette **Tanzen überall**
Discofox, Rock'n'Roll, Blues. (6004/VHS, 6005/Video 2000, 6006/Beta) Von H. M. Pritzer, G. Steinheimer, in Farbe, ca. 45 Min. **DM 98,–**/S 882,– (unverb. Preisempfehlung)

Wir wandern, wir wandern...
Romantisches Deutschland
(4168) Hrsg. H. Bücken, 160 S., durchgehend 4-farbig, über 350 Fotos, Pappband. **DM 29,80**/S 239,–

Unser schönes Deutschland neu gesehen
(4199) Hrsg. U. Moll, 208 S., 800 Farbfotos, Pappband. **DM 29,80**/S 239,–

Schwarzwald-Romantik
Vom Zauber einer deutschen Landschaft. (4232) Hrsg. A. Rolf, 184 S., 273 Farbfotos, Pappband. **DM 29,80**/S 239,–

Sport

Judo
Grundlagen des Stand- und Bodenkampfes. (4013) Von W. Hofmann, 244 S., 589 Fotos, Pappband. **DM 29,80**/S 239.–

Neue Lehrmethoden der Judo-Praxis
(0424) Von P. Herrmann, 223 S., 475 Abb., kart. **DM 16,80**/S 139.–

Judo
Grundlagen – Methodik. (0305) Von M. Ohgo, 208 S., 1025 Fotos, kart. **DM 14,80**/S 119.–

Wir machen Judo
(5069) Von R. Bonfranchi und U. Klocke, 92 S., mit Bewegungsabläufen in cartoonartigen zweifarbigen Zeichnungen, kart. **DM 12,80**/S 99.–

Fußwürfe
für Judo, Karate und Selbstverteidigung. (0439) Von H. Nishioka, 96 S., 260 Abb., kart. **DM 9,80**/S 79.–

Karate für alle
Karate-Selbstverteidigung in Bildern. (0314) Von A. Pflüger, 112 S., 356 s/w-Fotos, kart. **DM 9,80**/S 79.–

Karate für Frauen und Mädchen
Sport und Selbstverteidigung. (0425) Von A. Pflüger, 168 S., 259 s/w-Fotos, kart. **DM 9,80**/S 79.–

Das Karate-Buch Ereignis seit Jahren! Alles Wissen über KARATE – die hohe Kunst der Selbstverteidigung – in einer 8bändigen Buchserie.

Nakayamas Karate perfekt 1
Einführung. (0487) Von M. Nakayama, 136 S., 605 s/w-Fotos, kart. **DM 19,80**/S 159.–

Nakayamas Karate perfekt 2
Grundtechniken. (0512) Von M. Nakayama, 136 S., 354 s/w-Fotos, 53 Zeichnungen, kart. **DM 19,80**/S 159.–

Nakayamas Karate perfekt 3
Kumite 1: Kampfübungen. (0538) Von M. Nakayama, 128 S., 424 s/w-Fotos, kart. **DM 19,80**/S 159.–

Nakayamas Karate perfekt 4
Kumite 2: Kampfübungen. (0547) Von M. Nakayama, 128 S., 394 s/w-Fotos, kart. **DM 19,80**/S 159.–

Nakayamas Karate perfekt 5
Kata 1: Heian, Tekki. (0571) Von M. Nakayama, 144 S., 1229 s/w-Fotos, kart. **DM 19,80**/S 159.–

Nakayamas Karate perfekt 6
Kata 2: Bassai-Dai, Kanku-Dai, (0600) Von M. Nakayama, 144 S., 1300 s/w-Fotos, 107 Zeichnungen, kart **DM 19,80**/S 159.–

Nakayamas Karate perfekt 7
Kata 3: Jitte, Hangetsu, Empi. (0618) Von M. Nakayama, 144 S., 1988 s/w-Fotos, 105 Zeichnungen, kart. **DM 19,80**/S 159.–

Nakayamas Karate perfekt 8
Gankaku, Jion. (0650) Von M. Nakayama, 144 S., 1174 s/w-Fotos, 99 Zeichnungen, kart. **DM 19,80**/S 159.-

Kontakt-Karate
Ausrüstung · Technik · Training. (0396) Von A. Pflüger, 112 S., 238 s/w-Fotos, kart. **DM 14,80**/S 119.–

Karate-Do
Das Handbuch des modernen Karate. (4028) Von A. Pflüger, 360 S., 1159 Abb Pappband. **DM 39,–**/S 319.–

Bo-Karate
Kukishin-Ryu – die Techniken des Stockkampfes. ((0447) Von G. Stiebler, 176 S., 424 s/w-Fotos, 38 Zeichnungen, kart. **DM 16,80**/S 139.–

Karate I
Einführung · Grundtechniken. (0227) Von A. Pflüger, 148 S., 195 s/w-Fotos und 120 Zeichnungen, kart. **DM 9,80**/S 79.–

Karate II
Kombinationstechniken · Katas. (0239) Von A. Pflüger, 176 S., 452 s/w-Fotos und Zeichnungen, kart. **DM 9,80**/S 79.–

Karate Kata 1
Heian 1-5, Tekki 1, Bassai Dai. (0683) Von W.-D. Wichmann, 164 S., 703 s/w-Fotos, kart. **DM 19,80**/S 159,–

Ninja 1
Die Lehre der Schattenkämpfer. (0758) Von S. K. Hayes, 144 S., 137 s/w-Fotos, kart. **DM 16,80**/S 139,–

Ninja 2
Die Wege zum Shoshin (0763) Von S. K. Hayes 160 S., 309 s/w-Fotos, kart. **DM 16,80**/S 139.–

Der König des Kung-Fu
Bruce Lee
Sein Leben und Kampf. (0392) Von seiner Frau Linda. 136 S., 104 s/w-Fotos, kart. **DM 19,80**/S 159.–

Bruce Lees Kampfstil 1
Grundtechniken. (0473) Von B. Lee und M. Uyehara, 109 S., 220 Abb., kart. **DM 9,80**/S 79.–

Bruce Lees Kampfstil 2
Selbstverteidigungs-Techniken. (0486) Von B. Lee und M. Uyehara, 128 S., 310 Abb., kart. **DM 9,80**/S 79.–

Bruce Lees Kampfstil 3
Trainingslehre. (0503) Von B. Lee und M. Uyehara, 112 S., 246 Abb., kart. **DM 9,80**/S 79.–

Bruce Lees Kampfstil 4
Kampftechniken. (0523) Von B. Lee und M. Uyehara, 104 S., 211 Abb., kart. **DM 9,80**/S 79.–

Bruce Lees Jeet Kune Do
(0440) Von B. Lee, übersetzt von H.-J. Hesse, 192 S., mit 105 eigenhändigen Zeichnungen von B. Lee, kart. **DM 19,80**/S 159.–

Ju-Jutsu 1
Grundtechniken – Moderne Selbstverteidigung. (0276) Von W. Heim und F. J. Gresch, 160 S., 460 s/w-Fotos, 8 Zeichnungen, kart. **DM 9,80**/S 79.–

Ju-Jutsu 2
für Fortgeschrittene und Meister. (0378) Von W. Heim und F. J. Gresch, 164 S., 798 s/w-Fotos, kart. **DM 19,80**/S 159.–

Ju-Jutsu 3
Spezial-, Gegen- und Weiterführungs-Techniken. (0485) Von W. Heim und F. J. Gresch, 214 S., über 600 s/w-Fotos, kart. **DM 19,80**/S 159.–

Nunchaku
Waffe · Sport · Selbstverteidigung. (0373) Von A. Pflüger, 144 S., 247 Abb., kart. **DM 16,80**/S 139.–

Shuriken · Tonfa · Sai
Stockfechten und andere bewaffnete Kampfsportarten aus Fernost. (0397) Von A. Schulz, 96 S., 253 s/w-Fotos, kart. **DM 12,80**/S 99.–

Illustriertes Handbuch des Taekwon-Do
Koreanische Kampfkunst und Selbstverteidigung. (4053) Von K. Gil, 248 S., 1026 Abb., Pappband. **DM 29,80**/S 239.–

Taekwon-Do
Koreanischer Kampfsport. (0347) Von K. Gil, 152 S., 408 Abb., kart. **DM 12,80**/S 99.–

Aikido
Lehren und Techniken des harmonischen Weges. (0537) Von R. Brand, 280 S., 697 Abb., kart. **DM 19,80**/S 159.–

Kung-Fu und Tai-Chi
Grundlagen und Bewegungsabläufe. (0367) Von B. Tegner, 182 S., 370 s/w-Fotos, kart. **DM 14,80**/S 119.–

Kung-Fu
Theorie und Praxis klassischer und moderner Stile. (0376) Von M. Pabst, 160 S., 330 Abb., kart. **DM 12,80**/S 99.–

Shaolin-Kempo – Kung-Fu
Chinesisches Karate im Drachenstil. (0395) Von R. Czerni und K. Konrad. 246 S., 723 Abbildungen, kart. **DM 19,80**/S 159.–

Hap Ki Do
Grundlagen und Techniken koreanischer Selbstverteidigung. (0379) Von Kim Sou Bong, 112 S., 153 Abb., kart. **DM 14,80**/S 119.–

Dynamische Tritte
Grundlagen für den Zweikampf. (0438) Von Ch. Lee, 96 S., 398 s/w-Fotos, 10 Zeichnungen, kart. **DM 9,80**/S 79.–

Muskeltraining mit Hanteln
Leistungssteigerung für Sport und Fitness. (0676) Von H. Schulz, 108 S., 92 s/w-Fotos, 2 Zeichnungen, kart. **DM 9,80**/ S 79.–

Leistungsfähiger durch Krafttraining
Eine Anleitung für Fitness-Sportler, Trainer und Athleten (0617) Von W. Kieser, 100 S., 20 s/w-Fotos, 62 Zeichnungen, kart. **DM 9,80**/S 79.–

Bodybuilding
Anleitung zum Muskel- und Konditionstraining für sie und ihn. (0604) Von R. Smolana. 160 S., 171 s/w-Fotos, kart. **DM 9,80**/S 79.–

Bodybuilding für Frauen
Wege zu Ihrer Idealfigur (0661) Von H. Schulz, 108 S., 84 s/w-Fotos, 4 Zeichnungen, großes farbiges Übungsposter, kart. **DM 14,80**/S 119.–

Isometrisches Training
Übungen für Muskelkraft und Entspannung. (0529) Von L. M. Kirsch, 140 S., 162 s/w-Fotos, kart. **DM 9,80**/S 79.–

Radsport
Radtouristik und Rennen, Technik, Typen. (0550) Von K. Ziegler und R. Lehmann, 120 S., 55 Abb., kart. **DM 9,80**/S 79.–

Spaß am Laufen
Jogging für die Gesundheit. (0470) Von W. Sonntag, 140 S., 41 s/w-Fotos, 1 Zeichnung, kart. **DM 9,80**/S 79.–

Mein bester Freund, der Fußball
(5107) Von D. Brüggemann und D. Albrecht, 144 S., 171 Abb., kart. **DM 16,80**/S 139.–

Fußball
Training und Wettkampf. (0448) Von H. Obermann und P. Walz, 166 S., 92 s/w-Fotos, 15 Zeichnungen, 29 Diagramme, kart. **DM 12,80**/S 99.–

Handball
Technik · Taktik · Regeln. (0426) Von F. und P. Hattig, 128 S., 91 s/w-Fotos, 121 Zeichnungen, kart. **DM 14,80**/S 119.–

Volleyball
Technik · Taktik · Regeln. (0351) Von H. Huhle, 104 S., 330 Abb., kart. **DM 9,80**/S 79.–

Basketball
Technik und Übungen für Schule und Verein. (0279) Von C. Kyriasoglou, 116 S., mit 252 Übungen zur Basketballtechnik, 186 s/w-Fotos und 164 Zeichnungen, kart. **DM 12,80**/S 99.–

Hockey
Technische und taktische Grundlagen. (0398) Von H. Wein, 152 S., 60 s/w-Fotos, 30 Zeichnungen, kart. **DM 16,80**/S 139.–

Eishockey
Lauf- und Stocktechnik, Körperspiel, Taktik, Ausrüstung und Regeln, (0414) Von J. Čapla, 264 S., 548 s/w-Fotos, 163 Zeichnungen, kart. **DM 19,80**/S 159.–

Badminton
Technik · Taktik · Training. (0699) Von K. Fuchs, L. Sologub, 168 S., 51 Abb., kart., **DM 16,80**/S 139.–

Golf
Ausrüstung · Technik · Regeln. (0343) Von J. C. Jessop, übersetzt von H. Biemer, mit einem Vorwort von H. Krings, Präsident des Deutschen Golf-Verbandes, 160 S., 65 Abb., Anhang Golfregeln des DGV, kart. **DM 16,80**/S 139.–

Pool-Billard
(0484) Herausgegeben vom Deutschen Pool-Billard-Bund, von M. Bach und K.-W. Kühn, 88 S., mit über 80 Abb., kart. **DM 7,80**/S 69.–

Sportschießen
für jedermann. (0502) Von A. Kovacic, 124 S., 116 s/w-Fotos, kart. **DM 14,80**/S 119.–

Fechten
Florett · Degen · Säbel. (0449) Von E. Beck, 88 S., 219 Fotos und Zeichnungen, kart. **DM 11,80**/S 94.–

Reiten
Dressur · Springen · Gelände. (0415) Von U. Richter, 168 S., 235 Abb., kart. **DM 12,80**/S 99.–

Fibel für Kegelfreunde
Sport- und Freizeitkegeln · Bowling. (0191) Von G. Bocsai, 72 S., mit über 60 Abb., kart. **DM 5,80**/S 49.–

Beliebte und neue Kegelspiele
(0271) Von G. Bocsai, 92 S., 62 Abb., kart. **DM 5,80**/S 49.–

111 spannende Kegelspiele
(2031) Von H. Regulski, 88 S., 53 Zeichnungen, kart., **DM 7,80**/S 69.–

Ski-Gymnastik
Fit für Piste und Loipe. (0450) Von H. Pilss-Samek, 104 S., 67 s/w-Fotos, 20 Zeichnungen, kart. **DM 6,80**/S 59.–

Die neue Skischule
Ausrüstung · Technik · Trickskilauf · Gymnastik. (0369) Von C. und R. Kerler, 128 S., 100 Abb., kart. **DM 9,80**/S 79.–

Skilanglauf, Skiwandern
Ausrüstung · Techniken · Skigymnastik. (5129) Von T. Reiter und R. Kerler, 80 S., 8 Farbtafeln, 85 Zeichnungen und s/w-Fotos, kart. **DM 14,80**/S 119,–

Alpiner Skisport
Ausrüstung · Techniken · Skigymnastik (5130) Von K. Meßmann, 128 S., 8 Farbtafeln, 93 s/w-Fotos, 45 Zeichnungen, kart. **DM 12,80**/S 99.–

Die neue Tennis-Praxis
Der individuelle Weg zu erfolgreichem Spiel. (4097) Von R. Schönborn, 240 S., 202 Farbzeichnungen, 31 s/w-Abb., Pappband. **DM 39,–**/S 319.–

Erfolgreiche Tennis-Taktik
(4086) Von R. Ford Greene, übersetzt von M. R. Fischer, 182 S., 87 Abb., kart. **DM 19,80**/S 159.–

Tennis kompakt
Der erfolgreiche Weg zu Spiel, Satz und Sieg. (5116) Von W. Taferner, 128 S., 82 s/w-Fotos, 67 Zeichnungen, kart. **DM 14,80**/S 119.–

Tennis
Technik · Taktik · Regeln. (0375) Von H. Elschenbroich, 112 S., 81 Abb., kart. **DM 6,80**/S 59.–

Squash
Ausrüstung · Technik · Regeln. (0539) Von D. von Horn und H.-D. Stünitz, 96 S., 55 s/w-Fotos, 25 Zeichnungen, kart. **DM 8,80**/S 74.–

Sporttauchen
Theorie und Praxis des Gerätetauchens. (0647) Von S. Müßig, 144 S., 8 Farbtafeln, 35 s/w-Fotos, 89 Zeichnungen, kart., **DM 14,80**/S 119.–

FALKEN VERLAG

Falken-Handbuch **Tauchsport**
Theorie · Geräte · Technik · Training.
(4062) Von W. Freihen, 268 S., 32 Farb- u. 201 s/w-Fotos, 78 Zeichnungen, gebunden. **DM 39,–**/S 319.–

Windsurfing
Lehrbuch für Grundschein und Praxis. (5028) Von C. Schmidt, 64 S., 60 Farbfotos, Pappband. **DM 12,80**/S 99.–

Sportfischen
Fische – Geräte – Technik. (0324) Von H. Oppel, 144 S., 49 s/w-Fotos, 8 Farbtafeln, kart. **DM 9,80**/S 79.–

Falken-Handbuch **Angeln**
in Binnengewässern und im Meer. (4090) Von H. Oppel, 344 S., 24 Farbtafeln, 66 s/w-Fotos, 151 Zeichnungen, gebunden. **DM 39,–**/S 319.–

Angeln
Kleine Fibel für den Sportfischer. (0198) Von E. Bondick, 96 S., 116 Abb., kart. **DM 8,80**/S 74.–

Die Erben Lilienthals
Sportfliegen heute
(4054) Von G. Brinkmann, 240 S., 32 Farbtafeln, 176 s/w-Fotos, 33 Zeichnungen, gebunden. **DM 39,–**/S 319.–

Einführung in das Schachspiel
(0104) Von W. Wollenschläger und K. Colditz, 92 S., 116 Diagramme, kart. **DM 6,80**/S 59.–

Schach mit dem Computer
(0747) Von D. Frickenschmidt, 140 S., 112 Diagramme, 29 s/w-Fotos, 5 Zeichnungen, **DM 16,80**/S 139.–

Spielend Schach lernen
(2002) Von T. Schuster, 128 S., kart. **DM 6,80**/S 59.–

Kinder- und Jugendschach
Offizielles Lehrbuch des Deutschen Schachbundes zur Erringung der Bauern-, Turm- und Königsdiplome. (0561) Von B. J. Withuis und H. Pfleger, 144 S., 11 s/w-Fotos, 223 Abb., kart. **DM 12,80**/S 99.–

Neue Schacheröffnungen
(0478) Von T. Schuster, 108 S., 100 Diagramme, kart. **DM 8,80**/S 74.–

Schach für Fortgeschrittene
Taktik und Probleme des Schachspiels. (0219) Von R. Teschner, 96 S., 85 Schachdiagramme, kart. **DM 5,80**/S 49.–

Taktische Schachendspiele
(0752) Von J. Nunn, 200 S., 151 Diagramme, kart. **DM 16,80**/S 139.–

Schach-WM '85 Karpow – Kasparow.
Mit ausführlichen Kommentaren zu allen Partien. (0785) Von H. Pfleger, O. Borik, M. Kipp-Thomas, 128 S., zahlreiche Abb. und Diagramme, kart. **DM 14,80**/S 119.–

Schachstrategie
Ein Intensivkurs mit Übungen und ausführlichen Lösungen. (0584) Von A. Koblenz, dt. Bearb. von K. Colditz, 212 S., 240 Diagramme, kart. **DM 16,80**/S 139.–

Falken-Handbuch **Schach**
(4051) Von T. Schuster, 360 S., über 340 Diagramme, gebunden. **DM 36,–**/S 298.–

Die besten Partien deutscher Schachgroßmeister
(4121) Von H. Pfleger, 192 S., 29 s/w-Fotos, 89 Diagramme, Pappband. **DM 29,80**/S 239.–

Turnier der Schachgroßmeister '83
Karpow · Hort · Browne · Miles · Chandler · Garcia · Rogers · Kindermann. (0718) Von H. Pfleger · E. Kurz, 176 S., 29 s/w-Fotos, 71 Diagramme, kart. **DM 16,80**/S 139.–

Lehr-, Übungs- und Testbuch der Schachkombinationen
(0649) Von K. Colditz, 184 S., über 200 Diagramme, kart. **DM 14,80**/S 119.–

Zug um Zug
Schach für jedermann 1
Offizielles Lehrbuch des Deutschen Schachbundes zur Erringung des Bauerndiploms. (0648) Von H. Pfleger und E. Kurz, 80 S., 24 s/w-Fotos, 8 Zeichnungen, 60 Diagramme, kart. **DM 6,80**/ S 59.–

Zug um Zug
Schach für jedermann 2
Offizielles Lehrbuch des Deutschen Schachbundes zur Erringung des Turmdiploms. (0659) Von H. Pfleger und E. Kurz, 132 S., 8 s/w-Fotos, 14 Zeichnungen, 78 Diagramme, kart. **DM 9,80**/S 79.–

Zug um Zug
Schach für jedermann 3
Offizielles Lehrbuch des Deutschen Schachbundes zur Erringung des Königdiploms. (0728) Von H. Pfleger/G. Treppner, 128 S., 4 s/w-Fotos, 83 Diagramme, kart. **DM 9,80**/S 79.–

Schachtraining mit den Großmeistern
(0670) Von H. Bouwmeester, 128 S., 90 Diagramme, kart. **DM 14,80**/ S 119.–

Schach als Kampf
Meine Spiele und mein Weg. (0729) Von G. Kasparow, 144 S., 95 Diagramme, 9 s/w-Fotos, kart. **DM 14,80**/S 119.–

Fit und gesund
Körpertraining und Bodybuilding zu Hause. (0782) Von H. Schulz, 80 S., 100 Farbfotos, 3 Zeichnungen, kart. **DM 14,80**/S 119.–

Video-Kassette:
Fit und gesund
VHS (6013), Video 2000 (6014), Beta (6015), Laufzeit 30 Minuten, in Farbe. **DM 49,80**/S 448.–
(unverb. Preisempf.)

Spiele, Denksport Unterhaltung

Kartenspiele
(2001) Von C. D. Grupp, 144 S., kart. **DM 9,80**/S 79.–

Neues Buch der siebzehn und vier Kartenspiele
(0095) Von K. Lichtwitz, 96 S., kart. **DM 6,80**/S 59.–

Alles über Pokern
Regeln und Tricks. (2024) Von C. D. Grupp, 120 S., 29 Kartenbilder, kart. **DM 8,80**/S 74.–

Rommé und Canasta
in allen Variationen. (2025) Von C. D. Grupp, 124 S., 24 Zeichnungen, kart., **DM 9,80**/S 79.–

Schafkopf, Doppelkopf, Binokel, Cego, Gaigel, Jaß, Tarock und andere „Lokalspiele".
(2015) Von C. D. Grupp, 152 S., kart. **DM 12,80**/S 99.–

Spielend Skat lernen
unter freundlicher Mitarbeit des deutscher Skatverbandes. (2005) Von Th. Krüger, 156 S., 181 s/w-Fotos, 22 Zeichnungen, kart. **DM 9,80**/S 79.–

Das Skatspiel
Eine Fibel für Anfänger. (0206) Von K. Lehnhoff, überarb. von P.A. Höfges, 96 S., kart. **DM 6,80**/S 59.–

Black Jack
Regeln und Strategien des Kasinospiels. (2032) Von K. Kelbratowski, 88 S., kart. **DM 9,80**/S 79.–

Falken-Handbuch **Patiencen**
Die 111 interessantesten Auslagen. (4151) Von U. v. Lyncker, 216 S., 108 Abbildungen, Pappband. **DM 29,80**/S 239.–

Patiencen
in Wort und Bild. (2003) Von I. Wolter, 136 S., kart. **DM 7,80**/S 69.–

Falken-Handbuch **Bridge**
Von den Grundregeln zum Turnierspiel. (4092) Von W. Voigt und K. Ritz, 276 S., 792 Zeichnungen, gebunden. **DM 39,-**/S 319.–

Spielend Bridge lernen
(2012) Von J. Weiss, 108 S., 58 Zeichnungen, kart. **DM 7,80**/S 69.–

Spieltechnik im Bridge
(2004) Von V. Mollo und N. Gardener, deutsche Adaption von D. Schröder, 216 S., kart. **DM 16,80**/S 139.–

Besser Bridge spielen
Reiztechnik, Spielverlauf und Gegenspiel. (2026) Von J. Weiss, 144 S., mit 60 Diagrammen, kart. **DM 14,80**/S 119.–

Herausforderung im Bridge
200 Aufgaben mit Lösungen. (2033) Von V. Mollo, 152 S., kart. **DM 19,80**/S 159.–

Kartentricks
(2010) Von T. A. Rosee, 80 S., 13 Zeichnungen, kart. **DM 6,80**/S 59.–

Mah-Jongg
Das chinesische Glücks-, Kombinations- und Gesellschaftsspiel. (2030) Von U. Eschenbach, 80 S., 30 s/w-Fotos, 5 Zeichnungen, kart. **DM 9,80**/S 79.–

Neue Kartentricks
(2027) Von K. Pankow, 104 S., 20 Abb., kart. **DM 7,80**/S 69.–

Backgammon
für Anfänger und Könner. (2008) Von G. W. Fink und G. Fuchs, 116 S., 41 Abb., kart. **DM 9,80**/S 79.–

FALKEN VERLAG

Die Preise entsprechen dem Status beim Druck dieses

Würfelspiele
für jung und alt. (2007) Von F. Pruss, 112 S., 21 s/w-Zeichnungen, kart. **DM 7,80**/S 69.–

Gesellschaftsspiele
für drinnen und draußen. (2006) Von H. Görz, 128 S., kart. **DM 6,80**/S 59.–

Spiele für Party und Familie
(2014) Von Rudi Carrell, 160 S., 50 Abb., kart. **DM 9,80**/S 79.–

Dame
Das Brettspiel in allen Variationen. (2028) Von C. D. Grupp, 104 S., 122 Diagramme, kart. **DM 9,80**/S 79.–

Das japanische Brettspiel Go
(2020) Von W. Dörholt, 104 S., 182 Diagramme, kart. **DM 9,80**/S 79.–

Roulette richtig gespielt
Systemspiele, die Vermögen brachten. (0121) Von M. Jung, 96 S., zahlreiche Tabellen, kart. **DM 7,80**/S 69.–

So gewinnt man gegen Video- und Computerspiele
(0644) Von C. Kerler, 160 S., 25 Zeichnungen, 21 s/w-Fotos, kart. **DM 6,80**/S 59.–

Denksport und Schnickschnack
für Tüftler und fixe Köpfe. (0362) Von J. Barto, 100 S., 45 Abb., kart. **DM 6,80**/S 59.–

Rätselspiele, Quiz- und Scherzfragen
für gesellige Stunden. (0577) Von K.-H. Schneider, 168 S., über 100 Zeichnungen, kart. **DM 16,80**/S 139.–

Knobeleien und Denksport
(2019) Von K. Rechberger, 142 S., 115 Zeichnungen, kart. **DM 7,80**/S 69.–

Quiz
Mehr als 1500 ernste und heitere Fragen aus allen Gebieten. (0129) Von R. Sautter und W. Pröve, 92 S., 9 Zeichnungen, kart. **DM 6,80**/S 59.–
(ab 1.3.86 **DM 7,80**/S 69,–)

500 Rätsel selberraten
(0681) Von E. Krüger, 272 S., kart. **DM 9,95**/S 79.–

Das Super-Kreuzwort-Rätsel-Lexikon
Über 150.000 Begriffe. (4126) Von H. Schiefelbein, 688 S., Pappband. **DM 19,80**/S 159.–

365 Schwedenrätsel
(4173) Von Günther Borutta, 336 S.,kart. **DM 16,80**/S 139,–

501 Rätsel selberraten
(0711) Von E. Krüger, 272 S., kart. **DM 9,95**/S 79,–

Riesen-Kreuzwort-Rätsel-Lexikon
über 250.000 Begriffe. (4197) Von H. Schiefelbein, 1024 S., Pappband. **DM 29,80**/S 239,–

Das große farbige Kinderlexikon
(4195) Von U. Kopp, 320 S., 493 Farbabb., 17 s/w-Fotos, Pappband. **DM 29,80**/S 239,–

Punkt, Punkt, Komma, Strich
Zeichenstunden für Kinder. (0564) Von H. Witzig, 144 S., über 250 Zeichnungen, kart. **DM 6,80**/S 59.–

Einmal grad und einmal krumm
Zeichenstunden für Kinder. (0599) Von H. Witzig, 144 S., 363 Abb., kart. **DM 6,80**/S 59.–

Kinderspiele
die Spaß machen. (2009) Von H. Müller-Stein, 112 S., 28 Abb., kart. **DM 6,80**/S 59.–

Spiele für Kleinkinder
(2011) Von D. Kellermann, 80 S., kart. **DM 5,80**/S 49.–

Kasperletheater
Spieltexte und Spielanleitungen · Basteltips für Theater und Puppen. (0641) Von U. Lietz, 136 S., 4 Farbtafeln, 12 s/w-Fotos, 39 Zeichnungen, kart. **DM 9,80**/S 79.–

Kindergeburtstag
Vorbereitung, Spiel und Spaß. (0287) Von Dr. I. Obrig, 104 S., 40 Abb., 11 Zeichnungen, 9 Lieder mit Noten, kart. **DM 5,80**/S 49.–

Kindergeburtstage die keiner vergißt
Planung, Gestaltung, Spielvorschläge. (0698) Von G. und G. Zimmermann, 102 S., kart. **DM 9,80**/S 79.–

Kinderfeste
daheim und in Gruppen. (4033) Von G. Blechner, 240 S., 320 Abb., kart. **DM 19,80**/S 159.–

Scherzfragen, Drudel und Blödeleien
gesammelt von Kindern. (0506) Hrsg. von W. Pröve, 112 S., 57 Zeichnungen, kart. **DM 5,80**/S 49.–

Kein schöner Land...
Das große Buch unserer beliebtesten Volkslieder. (4150) 208 S., 108 Farbzeichnungen, Pappband. **19,80**/S 159.–

Die schönsten Wander- und Fahrtenlieder
(0462) Hrsg. von F. R. Miller, empfohlen vom Deutschen Sängerbund, 80 S., mit Noten und Zeichnungen, kart. **DM 5,80**/S 49.–

Die schönsten Volkslieder
(0432) Hrsg. von D. Walther, 128 S., mit Noten und Zeichnungen, kart. **DM 6,80**/ S 55.–

Die schönsten Berg- und Hüttenlieder
(0514) Hrsg. von F. R. Miller, empfohlen vom Deutschen Sängerbund, 104 S., mit Noten und Zeichnungen, kart. **DM 5,80**/S 49.–

Wir geben eine Party
(0192) Von E. Ruge, 88 S., 8 Farbtafeln, 23 Zeichnungen, kart. **DM 8,80**/S 74.–

Neue Spiele für Ihre Party
(2022) Von G. Blechner, 120 S., 54 Zeichnungen, kart. **DM 7,80**/S 69.–

Lustige Tanzspiele und Scherztänze
für Parties und Feste. (0165) Von E. Bäulke, 80 S., 53 Abb., kart. **DM 6,80**/S 59.–

Straßenfeste, Flohmärkte und Basare
Praktische Tips für Organisation und Durchführung. (0592) Von H. Schuster, 96 S., 52 Fotos, 17 Zeichnungen, kart. **DM 12,80**/S 99.–

Humor

Es ist ein Brauch von alters her...
Lebensweisheiten
(2214) Von W. Busch, 80 S., 30 Zeichnungen, Pappband. **DM 9,80**/S 79,–

Lachen, Witz und gute Laune
Lustige Texte für Ansagen und Vorträge. (0149) Von E. Müller, 104 S., 44 Abb., kart. **DM 9,80**/S 79,–

Tolle Sketche
mit zündenden Pointen – zum Nachspielen. (0656) Von E. Cohrs, 112 S., kart. **DM 9,80**/S 79.–

Vergnügliche Sketche
(0476) Von H. Pillau, 96 S., mit 7 lustigen Zeichnungen, kart. **DM 6,80**/S 59.–

Heitere Vorträge
(0528) Von E. Müller, 128 S., 14 Zeichnungen, kart. **DM 9,80**/S 79.–

Die große Lachparade
Neue Texte für heitere Vorträge und Ansagen. (0188) Von E. Müller, 108 S., kart. **DM 6,80**/S 59.–

So feiert man Feste fröhlicher
Heitere Vorträge und Gedichte. (0098) Von Dr. Allos, 96 S., 15 Abb., kart. **DM 5,80**/S 49.–

Lustige Vorträge für fröhliche Feiern
(0284) Von Karl Lehnhoff, 96 S., kart. **DM 6,80**/S 59.–

Vergnügliches Vortragsbuch
(0091) Von J. Plaut, 192 S., kart. **DM 8,80**/S 74.–

Tolle Sachen zum Schmunzeln und Lachen
Lustige Ansagen und Vorträge. (0163) Von E. Müller, 92 S., kart. **DM 6,80**/S 59.–

Humor für jedes Ohr
Fidele Sketche und Ansagen. (0157) Von H. Ehnle. 96 S., kart. **DM 6,80**/S 59.–

Sketche und spielbare Witze
für bunte Abende und andere Feste. (0445) Von H. Friedrich, 120 S., 7 Zeichnungen, kart. **DM 6,80**/S 59.–

Sketsche
Kurzspiele zu amüsanter Unterhaltung. (0247) Von M. Gering, 132 S., 16 Abb., kart., **DM 6,80**/59.–

Dalli-Dalli-Sketche
aus dem heiteren Ratespiel von und mit Hans Rosenthal. (0527) Von H. Pillau, 144 S., 18 Zeichnungen, kart. **DM 9,80**/S 79.–

Witzige Sketche zum Nachspielen
(0511) Von D. Hallervorden, 160 S., kart. **DM 14,80**/S 119.–

Gereimte Vorträge
für Bühne und Bütt. (0567) Von G. Wagner, 96 S., kart. **DM 7,80**/S 69.–

Damen in der Bütt
Scherze, Büttenreden, Sketsche. (0354) Von T. Müller, 136 S., kart. **DM 8,80**/S 74.–

Narren in der Bütt
Leckerbissen aus dem rheinischen Karneval. (0216) Zusammengestellt von T. Lücker, 112 S., kart. **DM 8,80**/S 74.–

Rings um den Karneval
Karnevalsscherze und Büttenreden. (0130) Von Dr. Allos, 136 S., kart. **DM 9,80**/S 79.–

Helau und Alaaf 1
Närrisches aus der Bütt. (0304) Von E. Müller, 112 S., kart. **DM 6,80**/S 59.–

Helau und Alaaf 2
Neue Büttenreden. (0477) Von E. Luft, 104 S., kart. **DM 7,80**/S 69.–

Humor und Stimmung
Ein heiteres Vortragsbuch. (0460) Von G. Wagner, 112 S., kart. **DM 6,80**/S 59.–

Humor und gute Laune
Ein heiteres Vortragsbuch. (0635) Von G. Wagner, 112 S., 5 Zeichnungen, kart. **DM 8,80**/S 74.–

Das große Buch der Witze
(0384) Von E. Holz, 320 S., 36 Zeichnungen, geb. **DM 16,80**/S 139.–

Da lacht das Publikum
Neue lustige Vorträge für viele Gelegenheiten. (0716) Von H. Schmalenbach, 104 S., kart. **DM 9,80**/S 79,–

Witzig, witzig
(0507) Von E. Müller, 128 S., 16 Zeichnungen, kart. **DM 6,80**/S 59,–

Die besten Witze und Cartoons des Jahres 1
(0454) Hrsg. von K. Hartmann, 288 S., 125 Zeichnungen, geb. **DM 16,80**/S 139.–

Die besten Witze und Cartoons des Jahres 2
(0488) Hrsg. von K. Hartmann, 288 S., 148 Zeichnungen, geb. **DM 16,80**/S 139.–

Die besten Witze und Cartoons des Jahres 3
(0524) Hrsg. von K. Hartmann, 288 S., 105 Zeichnungen, Pappband.
DM 16,80/S 139.–

Die besten Witze und Cartoons des Jahres 4
(0579) Hrsg. von K. Hartmann, 288 S., 140 Zeichnungen, Pappband.
DM 16,80/S 139.–

Die besten Witze und Cartoons des Jahres 5
(0642) Hrsg. von K. Hartmann, 288 S., 88 Zeichnungen, Pappband.
DM 16,80/S 139.–

Das Superbuch der Witze
(4146) Von B. Bornheim, 504 S., 54 Cartoons, Pappband.
DM 15,–/S 120.–

Witze
Lachen am laufenden Band (4241) Von J. Borkert, D. Kroppach, 400 S., 41 Zeichnungen, Pappband.
DM 15,–/S 120,–

Die besten Beamtenwitze
(0574) Hrsg. von W. Pröve, 112 S., 59 Cartoons, kart. **DM 5,80**/S 49.–

Die besten Kalauer
(0705) Von K. Frank, 112 S., 12 Zeichnungen, kart., **DM 5,80**/S 49.–

Robert Lembkes Witzauslese
(0325) Von Robert Lembke, 160 S., mit 10 Zeichnungen von E. Köhler, gebunden.
DM 14,80/S 119.–

Fred Metzlers Witze mit Pfiff
(0368) Von F. Metzler, 120 S., kart.
DM 6,80/S 59.–

O frivol ist mir am Abend
Pikante Witze von Fred Metzler. (0388) Von F. Metzler, 128 S., mit Karikaturen, kart. **DM 5,80**/S 49.–

Herrenwitze
(0589) Von G. Wilhelm, 112 S., 31 Zeichnungen, kart. **DM 5,80**/S 49.–

Witze am laufenden Band
(0461) Von F. Asmussen, 118 S., kart.
DM 6,80/S 59.–

Horror zum Totlachen
Gruselwitze
(0536) Von F. Lautenschläger, 96 S., 44 Zeichnungen, kart. **DM 5,80**/S 49.–

Die besten Ostfriesenwitze
(0495) Hrsg. von O. Freese, 112 S., 17 Zeichnungen, kart. **DM 5,80**/S 49.–

Die Kleidermotte ernährt sich von nichts, sie frißt nur Löcher
Stilblüten, Sprüche und Widersprüche aus Schule, Zeitung, Rundfunk und Fernsehen. (0738) Von P. Haas, D. Kroppach, 112 S., zahlr. Abb., kart. **DM 6,80**/S 59,–

Olympische Witze
Sportlerwitze in Wort und Bild.
(0505) Von W. Willnat, 112 S., 126 Zeichnungen, kart. **DM 5,80**/S 49.–

Ich lach mich kaputt! Die besten Kinderwitze
(0545) Von E. Hannemann, 128 S., 15 Zeichnungen, kart. **DM 5,80**/S 49.–

Lach mit!
Witze für Kinder, gesammelt von Kindern. (0468) Hrsg. von W. Pröve, 128 S., 17 Zeichnungen, kart. **DM 6,80**/S 59,–

Die besten Kinderwitze
(0757) Von K. Rank, 120 S., 28 Zeichnungen, kart. **DM 6,80**/S 59,–

Lustige Sketche für Jungen und Mädchen
(0669) Von U. Lietz und U. Lange, 104 S., kart. **DM 7,80**/S 69,–

Natur

Faszination Berg
zwischen Alpen und Himalaya.
(4214) Von T. Hiebeler, 96 S., 100 großformatige Farbfotos, Pappband.
DM 24,80/S 198.–

Hilfe für den Wald
Ursachen, Schadbilder, Hilfsprogramme. Was jeder wissen muß, um unser wichtigstes Öko-System zu retten. (4164) Von K. F. Wentzel, R. Zundel, 128 S., 178 Farb- und 6 s/w-Fotos, 60 Zeichnungen, kart.
DM 19,80/S 159,–

Gefährdete und geschützte Pflanzen
erkennen und benennen. (0596) Von W. Schnedler und K. Wolfstetter. 160 S., 140 Farbfotos, 4 Zeichnungen, kart.
DM 19,80/S 159,–

Beeren und Waldfrüchte
erkennen und benennen, eßbar oder giftig? (0401) Von J. Raithelhuber, 120 S., 90 Farbfotos, 40 Zeichnungen, kart. **DM 16,80**/S 139.–

Pilze
erkennen und benennen. (0380) Von J. Raithelhuber, 136 S., 110 Farbfotos, kart. **DM 14,80**/S 119.–

Falken-Handbuch **Pilze**
Mit über 250 Farbfotos und Rezepten. (4061) Von M. Knoop, 276 S., 250 Farbfotos, Pappband. **DM 39,–**/S 319.–

Falken-Handbuch
Der Garten
Alles über Wohn- und Nutzgärten. (4044) Von G. Bambach, unter Mitarbeit von U. Kaiser, W. Velte und J. Zech, 770 S., 40 Farbtafeln, 77 Farbfotos, 787 s/w-Fotos, 147 Zeichnungen, gebunden.
DM 49,–/S 398.–

Das Gartenjahr
Arbeitsplan für den Hobbygärtner. (4075) Von G. Bambach, 152 S., 16 Farbtafeln, 141 Abb., kart. **DM 14,80**/S 119.–

Gartenteiche und Wasserspiele
planen, anlegen und pflegen. (4083) Von H. R. Sikora, 160 S., 31 Farb- und 31 s/w-Fotos, 73 Zeichnungen, Pappband.
DM 29,80/S 239.–

Gärtnern
(5004) Von I. Manz, 64 S., 38 Farbfotos, Pappband. **DM 12,80**/S 99.–

Gärtner Gustavs Gartenkalender
Arbeitspläne · Pflanzenporträts · Gartenlexikon. (4155) Von G. Schoser, 120 S., 146 Farbfotos, 13 Tabellen, 203 farbige Zeichnungen, Pappband.
DM 24,80/S 198.–

Ziersträucher und -bäume im Garten
(5071) Von I. Manz, 64 S., 91 Farbfotos, Pappband. **DM 12,80**/S 99.–

Das Blumenjahr
Arbeitsplan für drinnen und draußen. (4142) Von G. Vocke, 136 S., 15 Farbtafeln, kart. **DM 14,80**/S 119.–

Der richtige Schnitt von Obst- und Ziergehölzen, Rosen und Hecken
(0619) Von E. Zettl, 88 S., 8 Farbtafeln, 39 Zeichnungen, 21 s/w-Fotos, kart.
DM 7,80/S 69.–

Unkraut im Garten
erkennen und benennen. (0637) Von F. und H. Jantzen, 144 S., 192 Farbfotos, kart. **DM 16,80**/S 139.–

Blumenpracht im Garten
(5014) Von I. Manz, 64 S., 93 Farbfotos, Pappband. **DM 12,80**/S 99.–

Vom betörenden Zauber der **Rosen**
(2206) Von H. Steinhauer, 80 S., 89 Farbfotos, und Zeichnungen, Pappband. **DM 9,80**/S 85,–

Blütenpracht in Haus und Garten
(4145) Von M. Haberer, u. a., 352 S., 1012 Farbfotos, Pappband.
DM 39,–/S 319,–

Das bunte Blütenparadies der **Blumen**
(2219) Von B. Zeidelhack, 80 S., 72 Farbabb., Pappband. **DM 9,80**/S 85,–

Sag's mit Blumen
Pflege und Arrangieren von Schnittblumen. (5103) Von P. Möhring, 64 S., 68 Farbfotos, 2 s/w-Abb., Pappband.
DM 12,80/S 99.–

Grabgestaltung
Bepflanzung und Pflege zu jeder Jahreszeit. (5120) Von N. Uhl, 64 S., 77 Farbfotos, 2 Zeichnungen, Pappband.
DM 16,80/S 139.–

Leben im Naturgarten
Der Biogärtner und seine gesunde Umwelt. (4124) Von N. Jorek, 128 S., 68 s/w-Fotos, kart. **DM 14,80**/S 119.–

So wird mein Garten zum Biogarten
Alles über die Umstellung auf naturgemäßen Anbau. (0706) Von I. Gabriel, 128 S., durchgehend 4farbig, 73 Farbfotos und Zeichnungen, kart.
DM 14,80/S 119,–

Gesunde Pflanzen im Biogarten
Biologische Maßnahmen bei Schädlingsbefall und Pflanzenkrankheiten. (0707) Von I. Gabriel, 128 S., durchgehend 4farbig, 73 Farbfotos, und Zeichnungen, kart. **DM 14,80**/S 119,–

Der Biogarten unter Glas und Folie
Ganzjährig erfolgreich ernten. (0722) Von I. Gabriel, 128 S., durchgehend 4farbig, 58 Fotos, 39 Zeichnungen, kart.
DM 14,80/S 119,–

FALKEN VERLAG

Neuanlage eines Biogartens
Planung, Bodenvorbeitung, Gestaltung. (0721) Von I. Gabriel, 128 S., durchgehend 4farbig, 73 Farbfotos, 35 Zeichnungen, kart. **DM 14,80**/S 119,–

Der biologische Zier- und Wohngarten
Planen, Vorbereiten, Bepflanzen und Pflegen. (0748) Von I. Gabriel, 128 S., 65 Farbfotos, 46 Farbzeichnungen, kart. **DM 14,80**/S 119,–

Das Bio-Gartenjahr
Arbeitsplan für naturgemäßes Gärtnern. (4169) Von N. Jorek, 128 S., 8 Farbtafeln, 70 s/w-Abb. kart. **DM 14,80**/S 119,–

Selbstversorgung aus dem eigenen Anbau
Reichen Erntesegen verwerten und haltbar machen. (4183) Von M. Bustorf-Hirsch, M. Hirsch, 216 S., 270 Zeichnungen, kart. **DM 19,80**/S 159,–
(4182) Pappband. **DM 29,80**/S 239,–

Mischkultur im Nutzgarten
Mit Jahreskalender und Anbauplänen. (0651) Von H. Oppel, 112 S., 8 Farbtafeln, 23 s/w-Fotos, 29 Zeichnungen, kart. **DM 9,80**/S 79,–

Erfolgstips für den Gemüsegarten
Mit naturgemäßem Anbau zu höherem Ertrag. (0674) Von F. Mühl, 80 S., 30 s/w-Fotos, 4 Zeichnungen, kart. **DM 7,80**/ S 69.–

Der erfolgreiche Obstgarten
Pflanzung · Veredelung und Schnitt. (5100) Von J. Zech, 64 S., 54 Farbfotos, Pappband. **DM 12,80**/S 99.–

Gemüse, Kräuter, Obst aus dem Balkongarten
– Erfolgreich ernten auf kleinstem Raum. (0694) Von S. Stein, 32 S., 34 Farbfotos, 5 Zeichnungen, Spiralbindung, kart., **DM 7,80**/S 69.–

Keime, Sprossen, Küchenkräuter
am Fenster ziehen – rund ums Jahr. (0658) Von F. und H. Jantzen, 32 S., 55 Farbfotos, Spiralbindung, kart. **DM 6,80**/S 59.–

Balkons in Blütenpracht
zu allen Jahreszeiten. (5047) Von N. Uhl, 64 S., 80 Farbfotos, Pappband. **DM 12,80**/S 99.–

Kübelpflanzen
für Balkon, Terrasse und Dachgarten. (5132) Von M. Haberer, 64 S., 70 Farbfotos, Pappband. **DM 14,80**/S 119.–

Kletterpflanzen
Rankende Begrünung für Fassade, Balkon und Garten. (5140) Von M. Haberer, 64 S., 70 Farbabb., 2 Zeichnungen, Pappband. **DM 12,80**/S 99.–

Mein Kräutergarten rund ums Jahr
Täglich schnittfrisch und gesund würzen. (4192) Von Prof. Dr. G. Lysek, 136 S., 15 Farbtafeln, 91 Zeichnungen, kart. **DM 16,80**/S 139,–

Blühende Zimmerpflanzen
94 Arten mit Pflegeanleitungen. (5010) Von R. Blaich, 64 S., 107 Farbfotos, Pappband. **DM 12,80**/S 99.–

Falken-Handbuch **Zimmerpflanzen**
1600 Pflanzenporträts. (4082) Von R. Blaich, 432 S., 480 Farbfotos, 84 Zeichnungen, 1600 Pflanzenbeschreibungen, Pappband. **DM 39,–**/S 319.–

Blütenpracht in Grolit 2000
Der neue, mühelose Weg zu farbenprächtigen Zimmerpflanzen. (5127) Von G. Vocke, 64 S., 50 Farbfotos, Pappband. **DM 12,80**/S 99.–

Bonsai
Japanische Miniaturbäume und Miniaturlandschaften. Anzucht, Gestaltung und Pflege. (4091) Von B. Lesniewicz, 160 S., 106 Farbfotos, 46 s/w-Fotos, 115 Zeichnungen, gebunden. **DM 68,–**/S 549.–

Zimmerbäume, Palmen und andere Blattpflanzen
Standort, Pflege, Vermehrung, Schädlinge. (5111) Von G. Schoser, 96 S., 98 Farbfotos, 7 Zeichnungen, Pappband. **DM 19,80**/S 159.–

Biologisch zimmergärtnern
Zier- und Nutzpflanzen natürlich pflegen. (4144) Von N. Jorek, 152 S., 15 Farbtafeln, 120 s/w-Fotos, Pappband. **DM 19,80**/S 159.–

Hydrokultur
Pflanzen ohne Erde – mühelos gepflegt. (4080) Von H.-A. Rotter, 120 S., 82 Abb., Pappband. **DM 19,80**/S 159.–

Zimmerpflanzen in Hydrokultur
Leitfaden für problemlose Blumenpflege. (0660) Von H.-A. Rotter, 32 S., 76 Farbfotos, 8 farbige Zeichnungen, Pappband, kart. **DM 7,80**/S 69.–

Sukkulenten
Mittagsblumen, Lebende Steine, Wolfsmilchgewächse u. a. (5070) Von W. Hoffmann, 64 S., 82 Farbfotos, Pappband. **DM 12,80**/S 99.–

Kakteen und andere Sukkulenten
300 Arten mit über 500 Farbfotos. (4116) Von G. Andersohn, 316 S., 520 Farbfotos, 193 Zeichnungen, Pappband. **DM 49,–**/S 398.–

Fibel für Kakteenfreunde
(0199) Von H. Herold, 102 S., 23 Farbfotos, 37 s/w-Abb., kart. **DM 7,80**/S 69.–

Kakteen
Herkunft, Anzucht, Pflege, Arten. (5021) Von W. Hoffmann, 64 S., 70 Farbfotos, Pappband. **DM 14,80**/S 119.–

Faszinierende Formen und Farben
Kakteen
(4211) Von K. und F. Schild, 96 S., 127 großformatige Farbfotos, Pappband. **DM 24,80**/S 198.–

Orchideen
(4215) Von G. Schoser, 96 S., 143 Farbfotos, Pappband. **DM 24,80**/S 198,–

Falken-Handbuch **Katzen**
(4158) Von B. Gerber, 176 S., 294 Farb- und 88 s/w-Fotos, Pappband. **DM 39,–**/S 319,–

Katzen
Rassen · Haltung · Pflege. (4216) Von B. Eilert-Overbeck, 96 S., 82 großformatige Farbfotos, Pappband. **DM 24,80**/S 198.–

Das neue Katzenbuch
Rassen – Aufzucht – Pflege. (0427) Von B. Eilert-Overbeck, 136 S., 14 Farbfotos, 26 s/w-Fotos, kart. **DM 8,80**/S 74.

Lieblinge auf Samtpfötchen **Katzen**
(2202) Von B. Eilert-Overbeck, 80 S., 53 Farbfotos, 5 s/w-Fotos, Pappband. **DM 9,80**/S 85.–

Katzenkrankheiten
Erkennung und Behandlung. Steuerung des Sexualverhaltens. (0652) Von Dr. med. vet. R. Spangenberg, 176 S., 64 s/w-Fotos, 4 Zeichnungen, kart. **DM 9,80**/S 79.–

Falken-Handbuch **Hunde**
(4118) Von H. Bielfeld, 176 S., 222 Farbfotos und Farbzeichnungen, 73 s/w-Abb., Pappband. **DM 39,–**/S 319.–

Hunde
Die treuen Freunde des Menschen (2207) Von R. Spangenberg, 80 S., 49 Farbfotos und Zeichnungen, Pappband. **DM 9,80**/S 85,–

Hunde
Rassen · Erziehung · Haltung. (4209) Von H. Bielfeld, 96 S., 101 großformatige Farbfotos, Pappband. **DM 24,80**/S 198.–

Das neue Hundebuch
Rassen · Aufzucht · Pflege. (0009) Von W. Busack, überarbeitet von Dr. med. vet. A. H. Hacker und H. Bielfeld, 112 S., 8 Farbtafeln, 27 s/w-Fotos, 6 Zeichnungen, kart. **DM 8,80**/S 74.–

Falken-Handbuch
Der Deutsche Schäferhund
(4077) Von U. Förster, 228 S., 160 farbige und s/w-Abb. sowie Zeichnungen, Pappband. **DM 29,80**/S 239.–

Der Deutsche Schäferhund
Aufzucht, Pflege und Ausbildung. (0073) Von A. Hacker, 104 S., 56 Abb., kart. **DM 7,80**/S 69.–

Dackel, Teckel, Dachshund
Aufzucht · Pflege · Ausbildung. (0508) Von M. Wein-Gysae, 112 S., 4 Farbtafeln, 43 s/w-Fotos, 2 Zeichnungen, kart. **DM 9,80**/S 79.–

Hundeausbildung
Verhalten – Gehorsam – Abrichtung. (0346) Von Prof. Dr. R. Menzel, 96 S., 18 Fotos, kart. **DM 7,80**/S 69.–

Hundekrankheiten
Erkennung und Behandlung, Steuerung des Sexualverhaltens. (0570) Von Dr. med. vet. R. Spangenberg, 128 S., 68 s/w-Fotos, 10 Zeichnungen, kart. **DM 9,80**/S 79.–

Falken-Handbuch **Pferde**
(4186) Von Heidrun Werner, 176 S., 196 Farb- und 50 s/w-Fotos, 100 Zeichnungen, Pappband. **DM 48,–**/S 389,–

Ponys
Rassen, Haltung, Reiten. (4205) Von S. Braun, 96 S., 84 großformatige Farbfotos, Pappband. **DM 24,80**/S 198.–

Schmetterlinge
Tagfalter Mitteleuropas erkennen und benennen. (0510) Von T. Ruckstuhl, 156 S., 136 Farbfotos, kart. **DM 16,80**/S 139.–

Wellensittiche
Arten · Haltung · Pflege · Sprechunterricht · Zucht. (5136) Von H. Bielfeld, 64 S., 59 Farbfotos, Pappband. **DM 12,80**/S 99.–

Papageien und Sittiche
Arten · Pflege · Sprechunterricht. (0591) Von H. Bielfeld, 112 S., 8 Farbtafeln, kart. **DM 9,80**/S 79.–

Geflügelhaltung als Hobby
(0749) Von M. Baumeister, H. Meyer, 184 S., 8 Farbtafeln, 47 s/w-Fotos, 15 Zeichnungen, kart. **DM 16,80**/S 139,–

Falken-Handbuch **Das Terrarium**
(4069) Von B. Kahl, P. Gaupp, Dr. G. Schmidt, 336 S., 215 Farbfotos, geb. **DM 58,–**/S 460.–

Aquarienfische
des tropischen Süßwassers. (5003) Von H. J. Mayland, 64 S., 98 Farbfotos, Pappband. **DM 12,80**/S 99.–

Das Süßwasser-Aquarium
Einrichtung · Pflege · Fische · Pflanzen. (0153) Von H. J. Mayland, 152 S., 16 Farbtafeln, 43 s/w-Zeichnungen, kart. **DM 12,80**/S 99,–

FALKEN VERLAG

Falken-Handbuch
Süßwasser-Aquarium
(4191) Von H. J. Mayland, 288 S., 536 Farbfotos, 94 Zeichnungen, Pappband. **DM 49,–**/S 398.–

Cichliden
Pflege, Herkunft und Nachzucht der wichtigsten Buntbarscharten. (5144) Von Jo in't Veen, 96 S., 163 Farbfotos, Pappband. **DM 19,80**/S 159.–

Gesundheit

Die Frau als Hausärztin
Der unentgeltliche Ratgeber für die Gesundheit. (4072) Von Dr. med. A. Fischer-Dückelmann, 808 S., 14 Farbtafeln, 146 s/w-Fotos, 203 Zeichnungen, Pappband. **DM 29,80**/S 239.–

Heiltees und Kräuter für die Gesundheit
(4123) Von G. Leibold, 136 S., 15 Farbtafeln, 16 Zeichnungen, kart. **DM 14,80**/S 119.–

Falken-Handbuch
Heilkräuter
Modernes Lexikon der Pflanzen und Anwendungen (4076) Von G. Leibold, 392 S., 183 Farbfotos, 22 Zeichnungen, geb. **DM 39,–**/S 319.–

Die farbige Kräuterfibel
(0245) Von I. Gabriel, 196 S., 49 farbige und 97 s/w-Abb., kart. **DM 14,80**/ S 119.–

Arzneikräuter und Wildgemüse
erkennen und benennen. (0459) Von J. Raithelhuber, 144 S., 108 Farbfotos, 31 Zeichnungen, kart. **DM 16,80**/S 139.–

Falken-Handbuch
Bio-Medizin
Alles über die moderne Naturheilpraxis. (4136) Von G. Leibold, 552 S., 16 Farbtafeln, 18 s/w-Fotos, 191 Zeichnungen, Pappband. **DM 39,–**/S 319.–

Gesund bleiben – gesund werden durch Enzyme
(0677) Von G. Leibold, 96 S., kart. **DM 9,80**/S 79.–

Gesund bleiben – gesund werden durch Heilfasten
(0713) Von G. Leibold, 108 S., kart. **DM 9,80**/S 79.–

So lebt man länger nach Dr. Le Comptes Erfolgsmethode!
Vital und gesund bis ins hohe Alter. (4129) Von Dr. H. Le Compte, P. Pervenche, 224 S., gebunden. **DM 24,80**/S 198.–

Gesundheit und Spannkraft durch Yoga
(0321) Von L. Frank und U. Ebbers, 112 S., 50 s/w-Fotos, kart. **DM 7,80**/S 69.–

Yoga für jeden
(0341) Von K. Zebroff, 156 S., 135 Abb., kart. **DM 20,–**/S 160.–

Yoga für Schwangere
Der Weg zur sanften Geburt. (0777) Von V. Bolesta-Hahn, 108/S 76 2-farbige Abb. **DM 12,80**/S 99,–

Yoga gegen Haltungsschäden und Rückenschmerzen
(0394) Von A. Raab, 104 S., 215 Abb., kart. **DM 6,80**/S 59.–

Hypnose und Autosuggestion
Methoden – Heilwirkungen – praktische Beispiele. (0483) Von G. Leibold, 116 S., kart. **DM 7,80**/S 69.–

Autogenes Training
Anwendung · Heilwirkungen · Methoden. (0541) Von R. Faller, 128 S., 3 Zeichnungen, kart. **DM 9,80**/S 79.–

Die fernöstliche Fingerdrucktherapie Shiatsu
Anleitungen zur Selbsthilfe – Heilwirkungen. (0615) Von G. Leibold, 196 S., 180 Abb., kart. **DM 16,80**/S 139.–

Eigenbehandlung durch Akupressur
Heilwirkungen – Energielehre – Meridiane. (0417) Von G. Leibold, 152 S., 78 Abb., kart. **DM 9,80**/S 79.–

Bauch, Taille und Hüfte gezielt formen durch **Aktiv Yoga**
(0709) Von K. Zebroff, 112 S., 102 Farbfotos, Spiralbindung, kart. **DM 14,80**/S 119,–

10 Minuten täglich Tele-Gymnastik
(5102) Von B. Manz und K. Biermann, 128 S., 381 Abb., kart. **DM 12,80**/S 99.–

Gesund und fit durch Gymnastik
(0366) Von H. Pilss-Samek, 132 S., 150 Abb., kart. **DM 7,80**/S 69.–

Stretching
Mit Dehnungsgymnastik zu Entspannung, Geschmeidigkeit und Wohlbefinden. (0717) Von H. Schulz, 80 S., 90 s/w-Fotos, kart. **DM 7,80**/S 69.–

Schönheitspflege
Kosmetische Tips für jeden Tag. (0493) Von H. Zander, 80 S., 25 Abb., kart. **DM 7,80**/S 69.–

Natur-Apotheke
Gesundheit durch altbewährte Kräuterrezepte und Hausmittel.
(4156) Von G. Leibold, 236 S., 8 Farbtafeln, 100 Zeichnungen, kart., **DM 19,80**/S 159.–
(4157) Pappband, **29,80**/S 239.–

Bildatlas des menschlichen Körpers
(4177) Von G. Pogliani u. V. Vannini, 112 S., 402 Farbabb., 28 s/w-Fotos, Pappband, **DM 29,80**/S 239.–

Fußmassage
Reflexzonentherapie am Fuß (0714) Von G. Leibold, 96 S., 38 Zeichnungen, kart. **DM 9,80**/S 79.–

Rheuma und Gicht
Krankheitsbilder, Behandlung, Therapieverfahren, Selbstbehandlung, richtige Lebensführung und Ernährung. (0712) Von Dr. J. Höder, J. Bandick, 104 S., kart. **DM 9,80**/S 79.–

Krampfadern
Ursachen, Vorbeugung, Selbstbehandlung, Therapieverfahren. (0727) Von Dr. med. K. Steffens, 96 S., 38 Abb., kart. **DM 9,80**/S 79.–

Gallenleiden
Krankheitsbilder, Behandlung, Therapieverfahren, Selbstbehandlung, Richtige Lebensführung und Ernährung. (0673) Von Dr. med. K. Steffens, 104 S., 34 Zeichnungen, kart. **DM 9,80**/S 79,–

Asthma
Pseudokrupp, Bronchitis und Lungenemphysem. (0778) Von Prof. Dr. med. W. Schmidt, 120 S., 56 Zeichnungen, kart. **DM 9,80**/S 79,–

Vitamine und Ballaststoffe
So ermittle ich meinen täglichen Bedarf (0746) Von Prof. Dr. M. Wagner, I. Bongartz, 96 S., 6 Farbabb., zahlreiche Tabellen, kart. **DM 9,80**/S 79.–

FALKEN VERLAG

Die Preise entsprechen dem Status beim Druck dieses

Ratgeber Lebenshilfe

Umgangsformen heute
Die Empfehlungen des Fachausschusses für Umgangsformen. (4015) 282 S., 160 s/w-Fotos, 25 Zeichnungen, Pappband. **DM 29,80**/S 239.–

Der gute Ton
Ein moderner Knigge. (0063) Von I. Wolter, 168 S., 38 Zeichnungen, 53 s/w-Fotos, kart. **DM 9,80**/S 79.–

Tischkarten und Tischdekorationen
(5063) Von G. Vocke, 64 S., 79 Farbfotos, Pappband. **DM 12,80**/S 99.–

Haushaltstips von A bis Z
(0759) Von A. Eder, 80 S., 30 Zeichnungen, kart. **DM 7,80**/S 69.–

Wir heiraten
Ratgeber zur Vorbereitung und Festgestaltung der Verlobung und Hochzeit. (4188) Von C. Poensgen, 216 S., 8 s/w-Fotos, 30 s/w-Zeichnungen, 8 Farbtafeln, Pappband. **DM 19,80**/S 159.–

Kleines Dankeschön für die charmante
Gastgeberin
(2218) Von S. Gräfin Schönfeldt, 80 S., 46 Farbabb., Pappband. **DM 9,80**/S 85.–

Die Kunst der freien Rede
Ein Intensivkurs mit vielen Übungen, Beispielen und Lösungen. (4189) Von G. Hirsch, 232 S., 11 Zeichnungen, Pappband. **DM 29,80**/S 239.–

Reden zur Taufe, Kommunion und Konfirmation
(0751) Von G. Georg, 96 S., kart. **DM 6,80**/S 59.–

Der richtige Brief zu jedem Anlaß
Das moderne Handbuch mit 400 Musterbriefen. (4179) Von H. Kirst, 376 S., Pappband. **DM 26,80**/S 218.–

Von der Verlobung zur Goldenen Hochzeit
(0393) Von E. Ruge, 120 S., kart. **DM 6,80**/S 59.–

Reden zur Hochzeit
Musteransprachen für Hochzeitstage. (0654) Von G. Georg, 112 S., kart. **DM 6,80**/S 59.–

Glückwünsche, Toasts und Festreden zur Hochzeit.
(0264) Von I. Wolter, 128 S., 18 Zeichnungen, kart. **DM 7,80**/S 69.–

Hochzeits- und Bierzeitungen
Muster, Tips und Anregungen. (0288) Von H.-J. Winkler, mit vielen Text- und Gestaltungsanregungen, 116 S., 15 Abb., 1 Musterzeitung, kart. **DM 6,80**/ S 59.–

Kindergedichte zur Grünen, Silbernen und Goldenen Hochzeit
(0318) Von H.-J. Winkler, 104 S., 20 Abb., kart. **DM 5,80**/S 49.–

Die Silberhochzeit
Vorbereitung · Einladung · Geschenkvorschläge · Dekoration · Festablauf · Menüs · Reden · Glückwünsche. (0542) Von K. F. Merkle, 120 S., 41 Zeichnungen, kart. **DM 9,80**/S 79.–

Großes Buch der Glückwünsche
(0255) Hrsg. von O. Fuhrmann, 240 S., 77 Zeichnungen und viele Gestaltungsvorschläge, kart. **DM 9,80**/S 79.–

Neue Glückwunschfibel
für Groß und Klein. (0156) Von R. Christian-Hildebrandt, 96 S., kart. **DM 4,80**/S 39.–

Glückwunschverse für Kinder
(0277) Von B. Ulrici, 80 S., kart. **DM 5,80**/S 49.–

Die Redekunst
Rhetorik · Rednererfolg (0076) Von K. Wolter, überarbeitet von Dr. W. Tappe, 80 S., kart. **DM 5,80**/S 49.–

Reden und Ansprachen
für jeden Anlaß. (4009) Hrsg. von F. Sicker, 454 S., gebunden. **DM 39,–**/S 319.–

Reden zum Jubiläum
Musteransprachen für viele Gelegenheiten (0595) Von G. Georg, 112 S., kart. **DM 6,80**/S 59.–

Reden und Sprüche zu Grundsteinlegung, Richtfest und Einzug
(0598) Von A. Bruder, G. Georg, 96 S., kart. **DM 6,80**/S 59.–

Reden zu Familienfesten
Musteransprachen für viele Gelegenheiten. (0675) Von G. Georg, 108 S., kart. **DM 6,80**/S 59.–

Festreden und Vereinsreden
Ansprachen für festliche Gelegenheiten. (0069) Von K. Lehnhoff und E. Ruge, 88 S., kart. **DM 5,80**/S 49.–

Reden im Verein
Musteransprachen für viele Gelegenheiten. (0703) Von G. Georg, 112 S., kart., **DM 6,80**/S 59.–

Trinksprüche
Fest- und Damenreden in Reimen. (0791) Von L. Metzner, 88 S., 14 s/w-Zeichnungen, kart. **DM 7,80**/S 68.–

Trinksprüche, Richtsprüche, Gästebuchverse
(0224) Von D. Kellermann, 80 S., kart. **DM 5,80**/S 49.–

Ins Gästebuch geschrieben
(0576) Von K. H. Trabeck, 96 S., 24 Zeichnungen, kart. **DM 7,80**/S 69.–

Poesiealbumverse
Heiteres und Besinnliches. (0578) Von A. Göttling, 112 S., 20 Abb., Pappband. **DM 14,80**/S 119.–

Verse fürs Poesiealbum
(0241) Von I. Wolter, 96 S., 20 Abb., kart. **DM 5,80**/S 49.–

Rosen, Tulpen, Nelken . . .
Beliebte Verse fürs Poesiealbum
(0431) Von W. Pröve, 96 S., mit Faksimile-Abb., kart. **DM 5,80**/S 49.–

Der Verseschmied
Kleiner Leitfaden für Hobbydichter. Mit Reimlexikon. (0597) Von T. Parisius, 96 S., 28 Zeichnungen, kart. **DM 7,80**/S 69.–

Moderne Korrespondenz
Handbuch für erfolgreiche Briefe. (4014) Von H. Kirst und W. Manekeller, 544 S., gebunden, **DM 39,–**/S 319.–

Der neue Briefsteller
Musterbriefe für alle Gelegenheiten. (0060) Von I. Wolter-Rosendorf, 112 S., kart. **DM 5,80**/S 49.–

Geschäftliche Briefe
des Privatmanns, Handwerkers, Kaufmanns. (0041) Von A. Römer, 120 S., kart. **DM 6,80**/S 59.–

Behördenkorrespondenz
Musterbriefe – Anträge – Einsprüche. (0412) Von E. Ruge, 120 S., kart. **DM 6,80**/S 59.–

Musterbriefe
für alle Gelegenheiten. (0231) Hrsg. von O. Fuhrmann, 240 S., kart. **DM 9,80**/S 79.–

Privatbriefe
Muster für alle Gelegenheiten. (0114) Von I. Wolter-Rosendorf, 132 S., kart. **DM 6,80**/S 59.–

Erfolgstips für den Schriftverkehr
Briefwechsel leicht gemacht durch einfachen Stil und klaren Ausdruck (0678) Von J. Werbellin, 120 S., kart. **DM 8,80**/S 74.–

Worte und Briefe der Anteilnahme
(0464) Von E. Ruge, 128 S., mit vielen Abb., kart. **DM 9,80**/S 79.–

Reden in Trauerfällen
Musteransprachen für Beerdigungen und Trauerfeiern (0736) Von G. Georg, 104 S., kart. **DM 6,80**/S 59.–

Lebenslauf und Bewerbung
Beispiele für Inhalt, Form und Aufbau. (0428) Von H. Friedrich, 112 S., kart. **DM 6,80**/S 59.–

Erfolgreiche Bewerbungsbriefe
und Bewerbungsformen. (0138) Von W. Manekeller, 88 S., kart. **DM 5,80**/S 49.–

Die erfolgreiche Bewerbung
Bewerbung und Vorstellung. (0173) Von W. Manekeller, 156 S., kart. **DM 9,80**/S 79.–

Die Bewerbung
Der moderne Ratgeber für Bewerbungsbriefe, Lebenslauf und Vorstellungsgespräche. (4138) Von W. Manekeller, 264 S., Pappband. **DM 19,80**/S 159.–

Vorstellungsgespräche
sicher und erfolgreich führen. (0636) Von H. Friedrich, 144 S., kart. **DM 9,80**/S 79.–

Zeugnisse im Beruf
richtig schreiben, richtig verstehen. (0544) Von H. Friedrich, 112 S., kart. **DM 9,80**/S 79.–

In Anerkennung Ihrer . . . ,
Lob und Würdigung in Briefen und Reden.
(0535) Von H. Friedrich, 136 S., kart. **DM 9,80**/S 79.–

Erfolgreiche Kaufmannspraxis
Wirtschaftliche Grundlagen, Geld, Kreditwesen, Steuern, Betriebsführung, Recht, EDV. (4046) Von W. Göhler, H. Gölz, M. Heibel, Dr. D. Machenheimer, 544 S., gebunden. **DM 39,–**/S 319.–

Der Rechtsberater im Haus
(4048) Von K.-H. Hofmeister, 528 S., gebunden. **DM 39,–**/S 319.–

Arbeitsrecht
Praktischer Ratgeber für Arbeitnehmer und Arbeitgeber. (0594) Von J. Beuthner, 192 S., kart. **DM 16,80**/S 139.–

Mietrecht
Leitfaden für Mieter und Vermieter. (0479) Von J. Beuthner, 196 S., kart. **DM 14,80**/S 119.–

Familienrecht
(4190) Von T. Drewes, R. Hollender, 368 S., Pappband. **DM 29,80**/S 239.–

Scheidung und Unterhalt
nach dem neuen Eherecht. (0403) Von Rechtsanwalt H. T. Drewes, 109 S., mit Kosten- und Unterhaltstabellen, kart. **DM 7,80**/S 69.–

FALKEN VERLAG

Testament und Erbschaft
Erbfolge, Rechte und Pflichten der Erben, Erbschafts- und Schenkungssteuer, Muster für Testamente. (4139) Von T. Drewes und R. Hollender, 304 S., Pappband. **DM 26,80**/S 218.–

Erbrecht und Testament
Mit Erläuterungen des Erbschaftssteuergesetzes von 1974. (0046) Von Dr. jur. H. Wandrey, 124 S., kart. **DM 6,80**/S 59.–

Endlich 18 und nun?
Rechte und Pflichten mit der Volljährigkeit. (0646) Von R. Rathgeber, 224 S., 27 Zeichnungen, kart. **DM 14,80**/S 119.–

Was heißt hier minderjährig?
(0765) Von R. Rathgeber, C. Rummel, 148 S., 63 Abb., kart. **DM 14,80**/S 119,–

Erfolgreiche Bewerbung um einen Ausbildungsplatz
(0715) Von H. Friedrich, 136 S., kart. **DM 9,80**/S 79.–

Elternsache Grundschule
(0692) Hrsg. von K. Meynersen, 324 S., kart. **DM 26,80**/S 218,–

Sexualberatung
(0402) Von Dr. M. Röhl, 168 S., 8 Farbtafeln, 17 Zeichnungen, Pappband. **DM 19,80**/S 159.–

Die Kunst des Stillens nach neuesten Erkenntnissen
(0701) Von Prof. Dr. med. E. Schmidt/S. Brunn, 112 S., 20 Fotos und Zeichnungen, kart. **DM 9,80**/S 79,–

Wenn Sie ein Kind bekommen
(4003) Von U. Klamroth, Dr. med. H. Oster, 240 S., 86 s/w-Fotos, 30 Zeichnungen, Pappband. **DM 24,80**/S 198.–

Vorbereitung auf die Geburt
Schwangerschaftsgymnastik, Atmung, Rückbildungsgymnastik. (0251) Von S. Buchholz, 112 S., 98 s/w-Fotos, kart. **DM 6,80**/S 59.–

Wie soll es heißen?
(0211) Von D. Köhr, 136 S., kart. **DM 5,80**/S 49.–

Das Babybuch
Pflege · Ernährung · Entwicklung. (0531) Von A. Burkert, 128 S., 16 Farbtafeln, 38 s/w-Fotos, 30 Zeichnungen, kart. **DM 12,80**/ S 99.–

Die neue Lebenshilfe **Biorhytmik**
Höhen und Tiefen der persönlichen Lebenskurven vorausberechnen und danach handeln. (0458) Von W. A. Appel, 157 S., 63 Zeichnungen, Pappband. **DM 12,80**/S 99.–

Mitmachen – die Umwelt retten!
Das Öko-Testbuch
Analysen und Experimente zur Eigeninitiative. (4160) Von M. Häfner, 400 Farbfotos, 137 farbige Zeichnungen, Pappband. **DM 39,–**/S 319,–

Vom Urkrümel zum Atompilz
Evolution – Ursache und Ausweg aus der Krise. (4181) Von Jürgen Voigt, 188 S., 20 Farb- und 70 s/w-Fotos, 32 Zeichnungen, kart. **DM 19,80**/S 159,–

Der Sklave Calvisius
Alltag in einer römischen Provinz 150 n. Chr. (4058) Von A. Ammermann, T. Röhrig, G. Schmidt, 120 S., 99 Farbabb., 47 s/w-Abb., Pappband. **DM 19,80**/S 159.–

ZDF · ORF · DRS
Kompaß Jugend-Lexikon
(4096) Von R. Kerler, J. Blum, 336 S., 766 Farbfotos, 39 s/w-Abb., Pappband. **DM 29,80**/S 239.–

Dinosaurier
und andere Tiere der Urzeit. (4219) Von G. Alschner, 96 S., 81 großformatige Farbzeichnungen, 4 s/w-Fotos, Pappband. **DM 24,80**/S 198.–

Astrologie
Das Orakel der Sterne. (2211) Von B. A. Mertz, 80 S., 42 Farb- und 15 s/w-Fotos, Pappband. **DM 9,80**/S 85,–

Psycho-Tests
– Erkennen Sich sich selbst. (0710) Von B. M. Nash, R. B. Monchick, 304 S., 81 Zeichnungen, kart. **DM 16,80**/S 139,–

Falken-Handbuch **Astrologie**
Charakterkunde · Schicksal · Liebe und Beruf · Berechnung und Deutung von Horoskopen · Aszendenttabelle. (4068) Von B. A. Mertz, 342 S., mit 60 erläuternden Grafiken, gebunden. **DM 29,80**/S 239.–

Selbst Wahrsagen mit Karten
Die Zukunft in Liebe, Beruf und Finanzen. (0404) Von R. Koch, 112 S., 252 Abb., Pappband. **DM 12,80**/S 99.–

Weissagen, Hellsehen, Kartenlegen ...
Wie jeder die geheimen Kräfte ergründen und für sich nutzen kann. (4153) Von G. Haddenbach, 192 S., 40 Zeichnungen, Pappband. **DM 16,80**/S 139.–

Frauenträume, Männerträume
und ihre Bedeutung. (4198) Von G. Senger, 272 S., mit Traumlexikon, Pappband. **DM 29,80**/S 239,–

Wahrsagen mit Tarot-Karten
(0482) Von E. J. Nigg, 112 S., 4 Farbtafeln, 52 s/w-Fotos, Abb., Pappband. **DM 14,80**/S 119.–

Aztekenhoroskop
Deutung von Liebe und Schicksal nach dem Aztekenkalender. (0543) Von C.-M. und R. Kerler, 160 S., 20 Zeichnungen, Pappband. **DM 9,80**/S 79.–

Was sagt uns das Horoskop?
Praktische Einführung in die Astrologie. (0655) Von B. A. Mertz, 176 S., 25 Zeichnungen, kart. **DM 9,80**/S 79.–

Das Super-Horoskop
Der neue Weg zur Deutung von Charakter, Liebe und Schicksal nach chinesischer und abendländischer Astrologie. (0465) Von G. Haddenbach, 175 S., kart. **DM 9,80**/S 79.–

Liebeshoroskop für die 12 Sternzeichen
Alles über Chancen, Beziehungen, Erotik, Zärtlichkeit, Leidenschaft. (0587) Von G. Haddenbach, 144 S., 11 Zeichnungen, kart. **DM 7,80**/S 69.–

Die 12 Sternzeichen
Charakter, Liebe und Schicksal. (0385) Von G. Haddenbach, 160 S., Pappband. **DM 12,80**/S 99.–

Die 12 Tierzeichen im chinesischen Horoskop
(0423) Von G. Haddenbach, 128 S., Pappband. **DM 9,80**/S 79.–

Sternstunden
für Liebe, Glück und Geld, Berufserfolg und Gesundheit. Das ganz persönliche Mitbringsel für Widder (0621), Stier (0622), Zwillinge (0623), Krebs (0624), Löwe (0625), Jungfrau (0626), Waage (0627), Skorpion (0628), Schütze (0629), Steinbock (0630), Wassermann (0631), Fische (0632) Von L. Cancer, 62 S., durchgehend farbig, Zeichnungen, Pappband. **DM 5,–**/S 39.–

So deutet man Träume
Die Bildersprache des Unbewußten. (0444) Von G. Haddenbach, 160 S., Pappband. **DM 9,80**/S 79,–

Die Famillie im Horoskop
Glück und Harmonie gemeinsam erleben – Probleme und Gegensätze verstehen und tolerieren. (4161) Von B. A. Mertz, 296 S., 40 Zeichnungen, kart. **DM 19,80**/S 159,–

Erkennen Sie Psyche und Charakter durch **Handdeutung**
(4176) Von B. A. Mertz, 252 S., 9 s/w-Fotos, 160 Zeichnungen, Pappband. **DM 36,–**/S 298,–

Falken-Handbuch
Kartenlegen
Wahrsagen mit Tarot-, Skat-, Lenormand- und Zigeunerblättern. (4226) Von B. A. Mertz, 288 S., 38 Farb- und 108 s/w-Abb. Pappband. **DM 39,–**/S 319,–

I Ging der Liebe
Das altchinesische Orakel für Partnerschaft und Ehe. (4244) Von G. Damian-Knight, 320 S., 64 s/w-Zeichnungen, Pappband. **DM 29,80**/S 239,–

Wenn die Schwalben niedrig fliegen
Bauernregeln
(2208) Von G. Haddenbach, 80 S., 52 Farbfotos, Pappband. **DM 9,80**/S 85,–

FALKEN VERLAG

Die Preise entsprechen dem Status beim Druck dieses

Computer

Computer Grundwissen
Eine Einführung in Funktion und Einsatzmöglichkeiten. (4302) Von W. Bauer, 176 Seiten, 193 Farb- und 12 s/w-Fotos, 37 Computergrafiken, kart., **DM 29,80**/S 239.–
(4301) Pappband, **DM 39,–**/S 312.–

Einführung in die Programmiersprache BASIC. (4303) Von S. Curran und R. Curnow, 192 S., 92 Zeichnungen, Spiralbindung. **DM 19,80**/S 159.–

Lernen mit dem Computer. (4304) Von S. Curran und R. Curnow, 144 S., 34 Zeichnungen, Spiralbindung, **DM 19,80**/S 159.–

Computerspiele, Grafik und Musik (4305) Von S. Curran und R. Curnow, 148 S., 46 Zeichnungen, Spiralbindung. **DM 19,80**/S 159.–

dBase III
Einführung für Einsteiger und Nachschlagewerk für Profis. (4310) Von J. Brehm, G. A. Karl, 212 S., 22 s/w-Fotos, 3 Zeichnungen, kart. **DM 58,–**/S 460.–

Das Medienpaket
Buch und Programmdiskette „dBase III" zusammen (4312) **DM 98,–**/S 784,

Grundwissen Informationsverarbeitung
(4314) Von H. Schiro, 312 S., 59 s/w-Fotos, 133 s/w-Zeichnungen, Pappband. **DM 58,–**/S 460,-

Lernhilfen

Deutsch für Ausländer im Selbstunterricht
Ausgabe für Jugoslawen
(0261) Von I. Hladek und E. Richter, 132 S., 62 Zeichnungen, kart. **DM 9,80**/S 79.–

Deutsch – Ihre neue Sprache.
Grundbuch (0327) Von H.-J. Demetz und J. M. Puente, 204 S., mit über 200 Abb., kart. **DM 14,80**/S 119.–

Glossar Italienisch
(0329) Von H.-J. Demetz und J. M. Puente, 74 S., kart. **DM 9,80**/S 79.–

In gleicher Ausstattung:
Glossar Spanisch (0330) **DM 9,80**/S 79.–
Glossar Serbokroatisch (0331) **DM 9,80**/S 79.–
Glossar Türkisch (0332) **DM 9,80**/S 79.–
Glossar Arabisch (0335) **DM 9,80**/S 79.–
Glossar Französisch (0337) **DM 9,80**/S 79.–

Das Deutschbuch
Ein Sprachprogramm für Ausländer, Erwachsene und Jugendliche.
Autorenteam: J. M. Puente, H.-J. Demetz, S. Sargut, M. Spohner.

Grundbuch Jugendliche
(4915) Von Puente, Demetz, Sargut, Spohner, Hirschberger, Kersten, von Stolzenwaldt, 256 S., durchgehend zweifarbig, kart. **DM 19,80**/S 159.–

Grundbuch Erwachsene
(4901) Von Puente, Demetz, Sargut, Spohner, 292 S., durchgehend zweifarbig, kart. **DM 24,80**/S 198.–

Arbeitsheft
zu Grundbuch Erwachsene und Jugendliche. (4903) Von Puente, Demetz, Sargut, Spohner, 160 S., durchgehend zweifarbig, kart. **DM 16,80**/S 139.–

Aufbaukurs
(4902) Von Puente, Sargut, Spohner, 232 S., durchgehend zweifarbig, kart. **DM 22,80**/S 182.–

Lehrerhandbuch Grundbuch Erwachsene
(4904) 144 S., kart. **DM 14,80**/S 119.–

Lehrerhandbuch Grundbuch Jugendliche
(4929) 120 S., kart. **DM 14,80**/S 119.–

Lehrerhandbuch Aufbaukurs
(4930) 64 S., kart. **DM 9,80**/S 79.–

Glossare Erwachsene:
Türkisch
(4906) 100 S., kart. **DM 9,80**/S 79.–
Englisch
(4912) 100 S., kart. **DM 9,80**/S 79.–
Französisch
(4911) 104 S., kart. **DM 9,80**/S 79.–
Spanisch
(4909) 98 S., kart. **DM 9,80**/S 79.–
Italienisch
(4908) 100 S., kart. **DM 9,80**/S 79.–
Serbokroatisch
(4914) 100 S., kart. **DM 9,80**/S 79.–
Griechisch
(4907) 102 S., kart. **DM 9,80**/S 79.–
Portugiesisch
(4910) 100 S., kart. **DM 9,80**/S 79.–
Polnisch
(4913) 102 S., kart. **DM 9,80**/S 79.–
Arabisch
(4905) 100 S., kart. **DM 9,80**/S 79.–

Glossare Jugendliche:
Türkisch
(4927) 104 S., kart. **DM 9,80**/S 79.–
Italienisch
(4932) Von A. Baumgartner, 104 S., kart. **DM 9,80**/S 79.–
Spanisch
(4933) Von M. Weidemann, 104 S., kart. **DM 9,80**/S 79.–
Serbokroatisch
(4934) Von M. Vuckovic, 104 S., kart. **DM 9,80**/S 79.–
Griechisch
(4936) Von Dr. G. Tzounakis, 112 S., kart. **DM 9,80**/S 79.–

Tonband Grundbuch Erwachsene
(4916) Ø 18 cm. **DM 125,–**/S 1.000.–
Tonband Grundbuch Jugendliche
(4917) Ø 18 cm. **DM 125,–**/S 1.000.–
Tonband Aufbaukurs
(4918) Ø 18 cm. **DM 125,–**/S 1.000.–
Tonband Arbeitsheft
(4919) Ø 18 cm. **DM 89,–**/S 712.–
Kassetten Grundbuch Erwachsene
(4920) 2 Stück à 90 Min. Laufzeit. **DM 39,–**/S 319.–
Kassetten Grundbuch Jugendliche
(4921) 2 Stück à 90 Min. Laufzeit. **DM 39,–**/S 319.–
Kassetten Aufbaukurs
(4922) 2 Stück à 90 Min. Laufzeit. **DM 39,–**/S 319.–
Kassette Arbeitsheft Grundbuch
(4923) 60 Min. Laufzeit. **DM 19,80**/S 159.–
Overheadfolie Grundbuch Erwachsene
(4924) 60 Stück **DM 159,–**/S 1.270.–
Overheadfolien Grundbuch Jugendliche
(4925) 59 Stück. **DM 159,–**/S 1.270.–
Overheadfolien Aufbaukurs
(4931) 54 Stück. **DM 159,–**/S 1.270.–
Diapositive Grundbuch Erwachsene
(4926) 300 Stück. **DM 398,–**/S 3.184.–
Bildkarten
zum Grundbuch Jugendliche und Erwachsene. (4928) 200 Stück. **DM 159,–**/S 1.270.–

Arbeitshefte für ausländische Jugendliche in der Berufsvorbereitung
Fachsprache im projektorientierten/fachübergreifenden Unterricht Metall 1
(4937) Von S. Sargut, M. Spohner, 96 S., 30 Farbfotos, 100 Zeichnungen, kart. **DM 14,80**/S 119.–

Maschinenschreiben für Kinder
(0274) Von H. Kaus, 48 S., farbige Abb., kart. **DM 5,80**/S 49,–

So lernt man leicht und schnell
Maschinenschreiben
Lehrbuch für Selbstunterricht und Kurse. (0568) Von J. W. Wagner, 112 S., 31 s/w-Fotos, 36 Zeichnungen, kart.
DM 19,80/ S 159.–

Maschinenschreiben durch Selbstunterricht
(0170) Von A. Fonfara, 84 S., viele Abb., kart. **DM 5,80**/S 49.–

Stenografie leicht gelernt
im Kursus oder Selbstunterricht. (0266) Von H. Kaus, 64 S., kart.
DM 6,80/S 59.–

Buchführung
leicht gefaßt. Ein Leitfaden für Handwerker und Gewerbetreibende. (0127) Von R. Pohl. 104 S., kart.
DM 7,80/S 69.–

Buchführung leicht gemacht
Ein methotischer Grundkurs für den Selbstunterricht. (4238) Von D. Machenheimer, R. Kersten, 252 S., Pappband.
DM 26,80/S 218,–

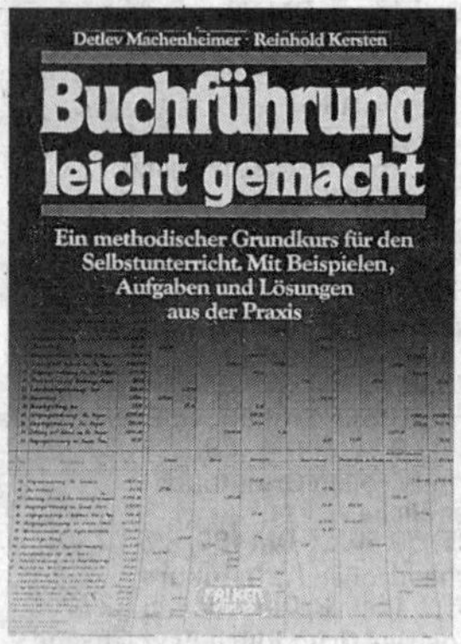

Schülerlexikon der Mathematik
Formeln, Übungen und Begriffserklärungen für die Klassen 5–10. (0430) Von R. Müller, 176 S., 96 Zeichnungen, kart.
DM 9,80/S 79.–

Mathematik verständlich
Zahlenbereiche Mengenlehre, Algebra, Geometrie, Wahrscheinlichkeitsrechnung, Kaufmännisches Rechnen. (4135) Von R. Müller, 652 S., 10 s/w- und 109 Farbfotos, 802 farbige und 79 s/w-Zeichnungen, über 2500 Beispiele und Übungen mit Lösungen, Pappband.
DM 68,–/S 549.–

Mathematische Formeln für Schule und Beruf
Mit Beispielen und Erklärungen. (0499) Von R. Müller, 156 S., 210 Zeichnungen, kart. **DM 9,80**/S 79.–

Rechnen aufgefrischt
für Schule und Beruf. (0100) Von H. Rausch, 144 S., kart. **DM 6,80**/S 59.–

Mehr Erfolg in Schule und Beruf
Besseres Deutsch
Mit Übungen und Beispielen für Rechtschreibung, Diktate, Zeichensetzung, Aufsätze, Grammatik, Literaturbetrachtung, Stil, Briefe, Fremdwörter, Reden. (4115) Von K. Schreiner, 444 S., 7 s/w-Fotos, 27 Zeichnungen, Pappband.
DM 29,80/S 239.–

Richtiges Deutsch
Rechtschreibung · Zeichensetzung · Grammatik · Stilkunde. (0551) Von K. Schreiner, 128 S., kart.
DM 9,80/S 79.–

Diktate besser schreiben
Übungen zur Rechtschreibung für die Klassen 4–8. (0469) Von K. Schreiner, 152 S., 31 Zeichnungen, kart.
DM 9,80/S 79.–

Aufsätze besser schreiben
Förderkurs für die Klassen 4–10. (0429) Von K. Schreiner, 144 S., 4 s/w-Fotos, 27 Zeichnungen, kart. **DM 9,80**/S 79.–

Deutsche Grammatik
Ein Lern- und Übungsbuch. (0704) Von K. Schreiner, 112 S., kart.
DM 9,80/S 79,–

Besseres Englisch
Grammatik und Übungen für die Klassen 5 bis 10. (0745) Von E. Henrichs, 144 S.,
DM 9,80/S 79,–

Bestellschein

Erfüllungsort und Gerichtsstand für Vollkaufleute ist der jeweilige Sitz der Lieferfirma. Für alle übrigen Kunden gilt dieser Gerichtsstand für das Mahnverfahren. Falls durch besondere Umstände Preisänderungen notwendig werden, erfolgt Auftragserledigung zu dem bei der Lieferung gültigen Preis.
Ich bestelle hiermit aus dem Falken-Verlag GmbH, Postfach 1120, D-6272 Niedernhausen/Ts., durch die Buchhandlung:

Ex. ____________________

Ex. ____________________

Ex. ____________________

Ex. ____________________

Name: ____________________

Straße: ____________________ Ort: ____________________

Datum: ____________________ Unterschrift: ____________________

FALKEN VERLAG

 Für die Schweiz: sFr.-Preise gemäß Preisauszeichnung in der Buchhandlung